国家"双一流"建设学科"南京大学中国…
江苏高校优势学科建设工程"南京大学中…
江苏省2011协同创新中心"中国文学…

南京大学戏剧学科百年传统研究丛书

陈中凡教授纪念集

许莉莉 编

南京大学出版社

图书在版编目（CIP）数据

陈中凡教授纪念集 / 许莉莉编. —南京：南京大学出版社，2022.11
（南京大学戏剧学科百年传统研究丛书）
ISBN 978-7-305-26229-6

Ⅰ. ①陈… Ⅱ. ①许… Ⅲ. ①陈中凡—纪念文集 Ⅳ. ①K825.6-53

中国版本图书馆 CIP 数据核字(2022)第 214138 号

出版发行	南京大学出版社		
社　　址	南京市汉口路 22 号	邮　编	210093
出 版 人	金鑫荣		

丛 书 名　南京大学戏剧学科百年传统研究丛书
书　　名　陈中凡教授纪念集
编　　者　许莉莉
责任编辑　郭艳娟

照　　排　南京紫藤制版印务中心
印　　刷　南京人文印务有限公司
开　　本　635×965　1/16　印张 15　插页印张 0.5　字数 200 千
版　　次　2022 年 11 月第 1 版　2022 年 11 月第 1 次印刷
ISBN　978-7-305-26229-6
定　　价　68.00 元

网　　址　http://www.njupco.com
官方微博　http://weibo.com/njupco
官方微信　njupress
销售咨询　(025)83594756

* 版权所有，侵权必究
* 凡购买南大版图书，如有印装质量问题，请与所购图书销售部门联系调换

陈中凡教授任东南大学国文系主任时的留影（1924年）

陈中凡与夫人王志英的合影（图片出自《学林清晖——文学史家陈中凡》，吴新雷编，南京大学出版社2003年1月版）

靜玄先生左右：徒年澗別夢想為勞此維

謹述宏富

起居安謐為無量頌弟奔走瘻寧無善可

述行年五十學無一成思之惶恐茲有懇者

中大散徒王君季思趨學殖淵通詞章楚

學討詞字積有歲年間

貴校下學期訂廿一科為無教授為中國文点

無專師不揣冒昧願邪其乏王君儻然炊築為

吴梅致陈中凡信札

斠玄先生左右：

　　经年阔别，梦想为劳。比维撰述宏富，起居安谧，为无量颂。弟奔走沪宁，无善可述。行年五十，学无一成，思之惶恐。兹有恳者：中大敝徒王君季思起，学殖渊通，词章楚楚，孳讨词学，积有岁年。闻贵校下学期词曲一科，尚无教授；高中国文，亦无专师。不揣冒昧，愿承其乏。王君学行，为尊处苏拯君素知；同舍同堂，一切可以询问也。倘承汲引，锡以齿牙，俾得承教杖屦，自当黾勉将事，以答雅爱。弟近岁惟拙作杂剧已付剞氏，此外，敝藏诸种，陆续付商务印行，斯则可告足下耳。临颖神驰，敬颂著福！

　　　　　　　　　　　　弟吴梅顿启　　五月十九日（1933年）

　　（图片出自《清晖山馆友声集》，吴新雷、姚柯夫、梁淑安、陈杰编纂，江苏古籍出版社2000年10月版）

仲甫先生"古音陰陽入互用表"分古韻為a.ə.ɪ.u四類依開齊合再分十余将诗文及希廣韻集韻所收之字依影象又覓古音陰陽入三類互相通转，條理密察特意以為古韻犯一成不變之物固秦與漢魏來必同符隋唐以來之变亦益繁然范以字型恐難肠合曾孝暑揚所見书与顺記漫書沥岁傔一人云

各方異議寬將來作一總答复說未見嗣音先生已歸道山矣此與黃粹白先生書對太玄季剛兩先生该陰陽等語不知三類互用及太玄先生攵始敖子韻舌攵之說備欵于南雷實則自乳拐約立陰陽類之别太玄先生授为咸均因季剛先生據為陰陽入三部孰說為師甫先生三部互用之説循欸推演益為精積岑新吕勝然之颂之粹白先生以為然不

戊子冬十月十三日陳锺凡括識

陳中凡題跋手跡（圖片出自《南京大學藏近現代名人手跡》，南京大學出版社2012年版）

前排陈中凡夫妇,后排从右至左吴新雷、李汉秋、梁淑安合影于南京陈府(摄影董健,1964年)

陈中凡在家中与外国学者交谈(图片出自《南京大学校庆画册》1982年版)

陈中凡部
分著述封面

目 录

一 传记篇

陈中凡｜自传 ··· 3

陈中凡｜陈中凡自传 ·· 10

姚柯夫｜陈中凡教授传略 ·· 14

关国煊｜陈中凡传 ··· 21

孙　洵｜著名教育家陈中凡 ······································ 32

龚　放｜一代鸿儒

　　　——中国古典文学家陈中凡 ································ 36

唐冰南（整理）｜陈中凡：人品与学识交相辉映的国文大师 ··········· 41

录自《建湖民族英雄传》｜陈中凡传 ······························ 43

赵子云｜"六不教授"陈中凡 ····································· 51

二 研究篇

于　平｜陈中凡与鲁迅 ·· 57

吴新雷｜陈中凡先生学行记盛 ···································· 60

吴新雷｜陈中凡与陈独秀 ·· 72

王永健｜先师陈中凡教授的戏曲情结 ······························ 82

徐雁平｜明月耀清晖
　　——读《清晖山馆友声集》………………………… 88
申屠炉明｜读陈著《诸子通谊·原始篇》札记 ………… 94
吴新雷｜陈中凡先生的学术成就 ………………………… 99
查锡奎｜经历三个不同历史时代的著名学者陈中凡 …… 106
方继孝｜陈中凡的"三不"与"三书" …………………… 115
姜丽静｜陈中凡的到来 …………………………………… 118
施淑成｜敢标独见之开山巨作
　　——中国第一部《中国文学批评史》述概 ………… 127
钱英才｜国学大师陈中凡 ………………………………… 135
吴新雷｜陈中凡先生 ……………………………………… 139

三 轶事篇

王永健｜"宣雅教于上庠兮，实冠冕于人伦"
　　——纪念先师陈中凡教授百年寿诞 ………………… 147
吴三立｜岁暮寄怀陈中凡师金陵 ………………………… 151
董　健｜陈中凡逸事 ……………………………………… 152
转自《江苏新闻网》｜南京大屠杀又现铁证
　　——长诗《金陵叟》………………………………… 159
于　峰｜诗歌写成八年抗战史　普通市民欲出版陈中凡诗稿 …… 162
李洪岩｜刘师培遗稿之谜 ………………………………… 165
吴寿钦｜高人陈中凡一轶事 ……………………………… 171
王永健｜陈中凡先生与苏雪林、刘开荣的师生情缘 …… 175
朱万章｜嘉瓠楼艺谭·黎雄才致陈中凡 ………………… 181

四　音容篇

周镜泉｜道德文章　永资楷模
　　——回忆中凡先生二三事 ………………………………… 187

孙　洵｜陈中凡先生印象记 ………………………………………… 190

缪　含｜诚挚的友谊　永久的怀念
　　——回忆陈中凡教授与先严的交往 …………………… 195

周梦庄｜我与陈中凡先生的交往 ………………………………… 200

程俊英｜陈中凡老师在女高师 …………………………………… 205

蔡尚思｜中凡真不凡
　　——纪念陈中凡教授诞辰一百周年 …………………… 212

陈　惺、陈　旭、陈　辉｜追忆父亲陈中凡 …………………… 217

潘　群｜仰慕陈中凡先生敬重师友爱护晚辈的忠厚品格 ……… 220

梁淑安｜清辉耀千秋
　　——忆先师陈中凡先生 ………………………………… 224

朱　煊｜忆陈中凡教授 …………………………………………… 229

徐慧征｜那串钥匙
　　——记陈中凡 …………………………………………… 235

一　传记篇

陈中凡

自　传

我名陈中凡，原名钟凡，字觉元，别号斠玄。江苏建湖人，1888年9月29日生。回忆儿时曾在家乡入私塾多年。1903年进镇江承志学校读书。次年转淮安中学堂，后考入南京两江师范学堂就读。在南京时，周末常在金陵刻经处听讲佛学，遂引起对哲学的兴趣。

1912年，我在沪江大学补习英文。一年后考取北京大学哲学系。曾信仰蔡元培的自由主义，偏于唯心学派。1917年任北大预科补习班国文教员。1918年2月至1919年7月，任北大附设之国史编纂处纂辑员。在北大任职期间，曾加入蔡元培发起的"进德会"，该会主张"六不"主义，第一是"不做官"，从此养成"超政治"的思想。1918年8月至1919年7月，曾兼任北京女子高等师范学校国文专修科教员。当时，广大学生掀起反抗日本帝国主义的爱国热潮。我与邓中夏、黄日葵、高尚德、陈宝锷、马骏、许德珩诸君一道，担任了学生救国会于1919年1月出版的刊物《国民杂志》的编委，积极开展反帝、反军阀、反卖国贼的宣传。由于我支持学生参加"五四"运动，因此被女高师解聘。① 同年 8 月至 1921 年 7 月，由新校长毛邦伟介绍，重任北京女子高等师范学校国文部主任兼教员。

1921 年 8 月至 1924 年 11 月，任东南大学国文系主任兼教授，对当时的学衡派盲目复古表示不满，乃编《国学丛刊》主张用科学方法整理国故。其间，曾于 1924 年 7 月，应邀去西安讲学。旅途情况，作有《陕西纪游》一文，首云："民国十有三年夏，国立西北大学及陕西教育厅合组暑期学校，校长傅佩青暨教育厅长马凌甫函聘任国学讲席，遂有西安之行。往返凡四十有九日，游踪所及，举凡太华终南之奇，河渭伊洛之广，函谷潼关之险峻，曩昔所向往者，莫不登临，一揽其胜，信足名平生之赏矣。辄述经程，用备省览，斯纪游所由作也。清晖馆主。"（下略）(载《西北大学周刊》1924 年 10 月 21 日)②。当时，我担任的讲题是：一、中学国文教学法；二、中国文字演进之顺序；三、读古书的途径。与我同期应聘前来讲学的约十余人。据西安《旭报》（1924 年 7 月 18 日）报道，有：王桐龄、李干臣③、林砺儒（以上皆北京师范大学教授），李济之（南开大学教授），柴春霖（北京法政大学教授），夏元瑮（前北京大学理科学长），陈钟凡（东南大学教授），陈定谟（南开大学教授），周树人（北京大学教授），梁龙（英国剑桥大学哲学博士、广州大学法议院院长），王凤仪（法国大学法学博士），蒋廷黻（南开大学教授），刘文海、吴宓（二人皆东南大学教授）十四人。④ 另据《国立西北大学一周年纪念特刊》本校暑期学校讲师及所讲题目一览表内载有：王桐龄、刘文海、李济之、蒋廷黻、李干臣、陈定谟、陈钟凡、周树人、王来亭（即王凤仪）、夏元瑮等十人。⑤ 暑期学校的活动，在西安《新秦日报》、《旭报》以及陕西《建西报》等均有报道。

---

① 许德珩：《纪念五四运动六十周年》，《人民日报》1979 年 5 月 5 日。
② 单演义编：《鲁迅在西安》，西北大学，1978 年 6 月印行。
③ 李顺卿（1894—1972），字干臣，山东海阳人，曾留学美国耶鲁大学森林学院。北京师范大学教授，其时，与王桐龄同为"国立女子大学后援会"的成员。
④ 单演义编：《鲁迅在西安》，西北大学，1978 年 6 月印行。
⑤ 同上。

鲁迅从7月21日至29日为暑期学校讲演《中国小说之历史的变迁》,分六讲,讲了八天共十一次,十二小时,内容精湛,使人得到新的观点和知识,深受学员听众的欢迎。《新秦日报》1924年7月30日有"鲁迅讲演已终";31日有"听讲员欢送鲁迅先生"等报道。为了纪念和学习鲁迅先生,我应约写过一篇简短的回忆:《鲁迅到西北大学的片断》,兹录于此:

一九二四年七月,我三十五岁,应陕西教育厅及西北大学之约,赴西安讲学。东南大学政治系教授刘静波(文海)同行。乘津浦路车北行,到徐州改乘陇海路车,经商丘、开封、郑州、洛阳到陕州。越日,鲁迅、夏元瑮、王桐令、孙伏园自北京南下,偕同西行。次朝,苍蝇哄鸣,扰人清梦,鲁迅说:"《毛诗·齐风》所咏:'匪鸡则鸣,苍蝇之声',于今朝验之已。"

夏元瑮过洛阳时,特访吴佩孚。吴问他在北大教什么课?夏答:"担任新物理中电子研究。"吴指壁上所悬八卦图,问:"此中亦有阴阳变化奥妙,能为我阐述否?"夏答:"此旧物理,与新物理非一事。"吴说:"旧有旧的奥妙,新有新的道理。"事后,众闻夏谈及此事,大笑。

鲁迅说:"这也是苍蝇之声耳。"

众问刘(静波)教何课。刘答:"研究国际问题中的大国家主义。"

鲁迅说:"是帝国主义吧?其扰乱世界,比苍蝇更甚千百倍。"

又有人问:"五四运动时,蔡子民(元培)在天安门宣布:'只有洪水能消灭猛兽',这些蝇营狗苟的琐屑,自当同时消灭否?"

鲁迅说:"这虽是小题大作,将来新中国自有新环境,当然把一切害人虫,一扫精光。"

(一九七六年七月十七日回忆)[①]

[①] 单演义编:《鲁迅在西安》,西北大学,1978年。

由于年月已久，时过境迁，以上点滴回忆，仅供研究鲁迅在这一时期活动之参考。

1924年12月，我应邀去广州。任广东大学文科学长兼教授，为期一年。曾接受孙文的三民主义。后来蒋介石、汪精卫等叛变，我不明其真相，乃失望而归。1925年11月至次年7月，我在苏州东吴大学兼课时，伪教育部长易培基电邀我任江苏省教育厅长，未就。1926年初任金陵大学国文系教授。1928年任上海暨南大学国文系主任，次年任文学院长。曾约请李达、邓初民等来院讲社会学，乃初步接受马列主义学说。后因CC派潘公展、复兴派吴兴亚等嗾使三青团干涉校政，愤而辞职。其间，曾于1932年3月至7月，去广州办暨南大学临时分校并在中山大学兼课。1934年2月至7月短期失业在家。陈立夫曾约谈，因意见不合，不欢而退。同年8月，去广州中山大学任教授。1935年8月至1952年7月任金陵女子文理学院中国文学讲座教授、金陵大学中文系教授。其间，1937年曾随校迁成都，后又随校迁回南京。1952年下半年全国院系调整后，任南京大学中文系教授，以迄于今。

数十年来，我从事中国古典文学方面的教学和研究工作，印行的主要著作有：

《古书读校法》(1923年商务印书馆印)

《诸子书目》(1923年东南大学印)

《书目举要补正》(1927年金陵大学印)

《经学通论》分上下卷(1923年东南大学印)

《诸子通谊》(1925年商务印书馆印)

《中国文学批评史》(1927年中华书局印)

《中国韵文通论》包括："《经》略论"、"论《楚辞》"、"诗、骚之比较"、"论汉魏六朝赋"、"论乐府诗"、"汉魏及隋唐古诗"、"论唐人近体诗"、"唐五代及两宋诗词"、"金元以来南北曲"等九章。(1927年中华书局印)

《周秦文学》(1928年暨南大学印)

《汉魏六朝文学》(1929年商务印书馆印)

解放后,除编印《汉魏六朝散文选》等书籍外,参加文学艺术界重大问题的论争(如关于《琵琶记》问题的专题讨论等),撰写了各种论文,散见于各报刊。因为教学任务的需要,治学范围从最初的研究书目学,诸子群经、文学批评史以及从先秦、两汉、隋唐、五代到宋金元文学史,均广泛涉猎,写有专著。近二三十年侧重研究中国戏剧史,编写了中国戏剧史讲座教材,指导南京大学中文系历届戏剧研究生的学业。曾发表《元剧研究中的成就及其存在的问题》(《文学评论》1960年第6期)、《关于〈西厢记〉杂剧的作者问题》(《光明日报》文学遗产394期1961年1月29日)、《关于〈西厢记〉的创作时代及其作者》(《江海学刊》1960年第2期)、《再谈〈西厢记〉的作者问题》(《光明日报》1961年4月30日文学遗产第371期)、《纪君祥的〈赵氏孤儿〉》(《南开大学学报》1956年第4期)、《从历史素材到〈赵氏孤儿〉杂剧》(《戏剧报》1961年第15期)、《高明〈琵琶记〉评价的商榷》(《文学遗产增刊》第六辑)、《〈红楼梦〉作者曹雪芹的世界观和创作方法》(《南大学报》)、《汤显祖〈牡丹亭〉简论》(《文学评论》1962年第4期)、《关汉卿杂剧的民主性与局限性》(《光明日报》1965年8月22日文学遗产第521期)等有关戏剧方面的论文。其中《从隋唐大曲试探当时歌舞戏的形成》一文,对中国古典戏剧的起源进行了新的探索。受业诸生,目前多在高等学校或社会科学院从事戏剧史方面的教学和科研工作。

我的家庭和社会关系不算复杂。对我有影响或印象较深者略述如次。我父亲陈玉冠,教读私塾多年。叔父陈玉澍,盐城名孝廉,曾任本县尚志书院山长,南京两江师范学堂教务长。著有《后乐堂诗文集》。平日自勉:"不受一自辱之钱,不作一近耻之事。"又以曾参"少讽诵、壮议论、老教诲"相勉。我自十岁至十五岁,从叔父读书,受他的影响至深。

数十年来,我在国内高等院校任教(除前述北京大学、北京女高师、广东大学、东吴大学、金陵大学、暨南大学、中山大学、金陵女子文理学院、南京大学外,1930年还兼课于上海大夏大学,1937年兼课于四川大学师范学院,朝阳法学院），一般说来，师生之间情谊甚笃。同时得与蔡元培、陈独秀、邹鲁、郑洪年、邓初民、马哲民等相识。蔡元培氏主持北大，倡自由主义以及"六不"主义，我等颇受其影响。陈独秀任北大文科学长，曾办《新青年》杂志，思想激进。他曾一度入狱。后来与我通信，除讨论音韵、文字学而外，无其他内容。邹鲁为广东中山大学校长，我曾与之共事。他用人较放手，不干预琐事。郑洪年任上海暨南大学校长时，杨铨介绍我任该校文学院长。我曾约请许德珩、李达、邓初民为历史系讲授哲学。此举虽受高教司警告，我因持自由主义态度，未予理睬。郑后来在香港变节。邓初民氏曾最早介绍我读马列主义书籍。马哲民氏与我在暨南大学同事，他曾约我与李相符、沈志远诸人在成都合办《大学月刊》。回忆及此，感触颇多，那已是数十年前的事了。

我还想提一提一位日本朋友——波多野太郎先生。我们互相知名，未曾谋面。多年来我们有书信往还，主要是学术交流。早在1933年前后，我还有幸访问过日本。那时我在上海暨南大学任教。我们一行数人，去日本考察教育，历时一个月左右。对日本教育改革的实际状况，留下深刻的印象。现在，中日友好正迅速发展，我衷心祝愿中日友好往来日益扩大，中日人民友谊万古常青。

参加社团活动，我是从1903年开始的。那时在镇江承志学校读书，加入章太炎的"光复会"。1929年马宗融介绍我入"中华学艺社"。1939年，陈翔鹤介绍我入"中华全国文艺抗敌协会"。1949年6月，我应郭沫若、沈雁冰、周扬函邀，出席了全国第一次文代会（其后第二次、第三次文代会亦曾参加），并经孔罗荪推荐为南京市文联副主席。1950年经陈敏之介绍，入中国民主同盟。现任民盟江苏省委员会主任委员、民盟中央委员、江苏省政协副主席、全国政协委员。此外，我在南京大学加入教育工会，周谷城函约入史学会。以上诸社会活动，在不影响我的本职工作的前提下，我都愿意积极热情地参加。

今年我已九十多岁，虽说年老力衰，但壮心未已。粉碎"四人帮"以后，我和全国人民一样，精神振奋，欢欣异常。前年3月和去年6月，我曾来北京；

今年8月，我又来北京。为的是出席全国政协第五届第一、第二次、三次会议，并列席全国人大五届第一次、二次、三次会议，关心和讨论国事。我决心以有生之年，竭尽绵力，为祖国早日实现"四化"作贡献。

作为一个社会科学工作者，一个教授，我深切感到生活在社会主义祖国的幸福。目前我的家庭成员近况是：爱人王志英，今年九十一岁，向来是我的一位贤内助。我们生了六子一女。如今女儿已故世。六个儿子均健在：名冏、惺、映、镜、旭、辉。长子陈冏，年已六十三岁，原做银行工作，现已退休。我每次晋京，都请他同行为我作"护理"。其他诸子分别在北京、南京、河南等地部队、机关、银行、水利工程工作，过着幸福美满的生活。我寓居南京数十年。住南京市宁海路向阳南巷三十八号。距我工作的单位——南京大学不远。学校的党政组织对我们老教师关心照顾无微不至，比起旧社会老年人晚景凄凉，时有失业之虞来，我内心充满了幸福感，热切希望我国广大的社会科学教育工作者，安定团结，朝气蓬勃，在党的领导下，和全国人民一道，同心同德，为祖国的"四化"建设作出卓越的贡献。

1980年9月述于北京

（原载《中国当代社会科学家》第一辑，书目文献出版社，1983年）

陈中凡

陈中凡自传

我于1888年9月29日生于江苏省建湖县上冈镇七里庵乡。父亲以教私塾为生。我原名钟凡,字斠玄,号觉元,现名中凡。童年时在家乡随叔父陈玉澍和二哥读书,1903年(十六岁)到镇江承志中学堂求学。次年转学淮安中学堂。1909年(二十二岁)入南京两江师范学堂读书,周末常在金陵刻经处听讲佛学,遂引起对哲学的兴趣。1912年(二十五岁)在上海沪江大学补习英文一年,旋考入北京大学文科哲学门学习。当时崇仰蔡元培先生的自由主义,偏于唯心学派。1917年夏毕业,留任北大预科补习班国文教员。1918年改任北大国史编纂处纂辑员,兼任北京女子高等师范国文专修科教员,后因支持学生参加"五四"运动,被女高师解聘。当时我曾担任由学生救国会于1919年初出版的《国民杂志》编委,鼓动学生的爱国运动。在北京大学任职期间,曾加入蔡元培先生发起的"进德会",该会主张"六不"主义,第一是"不做官",因此受到"超政治"的思想影响。1919年8月至1921年7月,经北京女高师新任校长毛邦伟介绍,重任该校教员兼国文部主任。1921年9月南下任南京东南大学国文系主任兼教授。对当时的学衡派柳诒徵等盲目复古表示反对；编《国文丛刊》，主张用科学方法整理国故。1924年去广州任广东大学文科学长兼教授，接受孙中山先生的三民主义。后来蒋介石、汪精卫叛变革命，我因不愿意参加国民党，乃坚决辞职而归。1925年在苏州东吴大学兼课时，当时的教育部部长易培基曾电邀我任江苏省教育厅长，未就。1926年任南京金陵大学国文系主任兼教授。1927年北伐军占南京，南京建为特别市，刘纪文任市长，国民党当局曾邀我任市政府秘书长，我坚辞不就。即于1928年到上海任暨南大学国文系主任，次年任文学院院长。我特邀李达、许德珩、邓初民等先生来院讲哲学和社会学，我由此初步接受了马列主义学说，解除了唯心主义哲学的束缚。后因CC派潘公展、"复兴社"派吴兴亚等嗾使国民党特务学生干涉校政，愤而辞职。1934年2月至7月，在南京家中赋闲。当时国民党教育部部长陈立夫曾约谈，因意见不合，不欢而别。同年8月，赴广州中山大学讲学，1935年夏回南京任金陵女子文理学院中文系教授，一直到解放初期。(1937年随校迁成都，1946年返宁)1952年院系调整后，任南京大学中文系教授，以迄于今。

我的主要著作有：

《古书读校法》(1923年商务印书馆印)，《书目举要补正》(1927年金陵大学印)，《经学通论》(1923年东南大学印)，《诸子通谊》(1925年商务印书馆印)，《中国文学批评史》(1927年中华书局版)，《中国韵文通论》(1927年中华书局版)，《周秦文学》(1928年暨南大学版)，《汉魏六朝文学》(1929年商务印书馆版)，《两宋思想述评》(1933年商务印书馆版)，《汉魏六朝散文选》(1956年古典文学出版社版)。

自1956年至1964年单篇论文有：

《试论〈水浒传〉的著者及其创作时代》(《南京大学学报》1956年第1期)，《〈红楼梦〉作者曹雪芹的世界观和创作方法》(《南京大学学报》1956年第3期)，《纪君祥的〈赵氏孤儿〉杂剧》(《南京大学学报》1956年第4期)，《元好问及其丧乱诗》(《文学研究》1958年第1期)、《批判冯雪峰〈回答关于《水浒》的几个问题〉》(《江海学刊》1958年创刊号)、《元曲研究的成就及其存在的问题》(《文学评论》1960年第6期)、《关于〈西厢记〉的创作时代及其作者》(《江海学刊》1960年第2期)、《关于〈西厢记〉杂剧的作者问题》(《光明日报》1961年1月29日)、《再谈〈西厢记〉的作者问题》(《光明日报》1961年4月30日)、《关于〈西厢记〉作者问题的再进一步商讨》(《光明日报》1961年10月22日)、《从历史素材到〈赵氏孤儿〉杂剧》(《戏剧报》1961年第15期)、《高明〈琵琶记〉评价的商榷》(《文学遗产增刊》1958年第6辑)、《汤显祖〈牡丹亭〉简论》(《文学评论》1962年第4期)、《略论元剧水浒戏》(与王永健合作)(《江海学刊》1962年第6期)、《继承古典文学遗产必须采取革命的批判态度》(《南京大学学报》1964年第2期)、《从隋唐大曲试探当时歌舞戏的形成》(《南京大学学报》1964年第8卷第7期),等等。

在治学方面,我是随着教学任务的需要,研究范围从最初的书目学、诸子群经、文学批评史以至文学史、戏剧史。近二十年来侧重研究中国古代戏剧史。除教学外,还担负培养研究生的任务。所指导的历届研究生,现在高等院校和科研单位从事中国文学和戏剧方面的教学和科研工作。

六十年来,我除在国内十余所大学任教外,还曾兼课于上海大夏大学(1930年)、四川大学师范学院(1937年)、朝阳法学院(1939年),在1924年曾应西北大学及陕西省教育厅邀请到西安暑期学校讲学。先后得与蔡元培、陈独秀、邹鲁、郑洪年、邓初民、许德珩、马哲民等人相熟识。蔡主持北大时,我的思想受过他的影响。陈独秀曾任北大文科学长,是我的老师。抗战后他闲住四川江津,我和他有过书信往来,内容是讨论音韵和文字学。郑洪年任上海暨南大学校长时,经杨铨(杏佛)介绍我为该校文学院院长。我曾约请许德珩、李达、邓初民等先生来院讲授哲学和社会学,曾受国民党教育部高教司警告,但我未予理睬。邓初民是最早介绍我读马列主义书籍的。1941年马哲民曾聘请我与李相符、沈志远诸先生在成都合办《大学》月刊,大力提倡民主和科学,对当时民主革命起了一定的推动作用。

　　我参加社会活动,始于1903年,在镇江承志中学读书时,加入章太炎先生主持的"光复会"。1929年马宗融先生介绍我参加"中华学艺社"。1939年,陈翔鹤先生介绍我参加"中华全国文艺抗敌协会"。1949年6月应全国文联邀请,出席了全国第一次文代会,后兼任南京市文联副主席。1950年我参加中国民主同盟,1957年我担任民盟江苏省委员会主任委员、民盟中央委员、全国政协委员。此外,周谷城函约我入史学会。以上一些社会活动,在不影响我的教学和科研的前提下,我都积极热情参加。

　　我今年九十三岁,自1978年起每年都晋京出席全国政协会议。亟愿竭尽绵薄,为祖国的"四化"出力。

(原载《晋阳学刊》1981年第3期)

姚柯夫[①]

陈中凡教授传略

陈中凡先生是我国当代著名的教育家和学者。1917年毕业于北京大学后，曾先后在我国一些著名的高等学府执教。六十五年来，桃李满天下，为祖国培养了大批人才。1982年7月22日，他以九十四岁高龄与世长辞，终其一生，鞠躬尽瘁，为祖国的文化教育事业贡献了毕生精力。

一

陈先生原名钟凡，字斠玄，号觉元，居室题名为清晖山馆。1888年9月29日出生于江苏盐城县上冈镇七里庵乡（今属建湖县）。陈先生家学渊源，"先大父以善治《毛诗》名，著《诗说》二卷，长沙王祭酒先谦志其墓，称其精思绝诣，与高邮王念孙父子相禽应"[②]；父亲陈玉冠（章甫）以教私塾为生；叔父

---

① 作者为最高人民法院政策研究室研究员。
② 陈中凡：《先叔父惕庵府君行述》，《国学丛刊》一卷二期，1923年。

陈玉澍(惕庵)是南菁书院黄玄同和王先谦的弟子,"由优贡生中式光绪戊子科举人"[1],曾任本县尚志书院山长、南京两江师范学堂教务长,著有《毛诗异文笺》、《尔雅释例》、《后乐堂文钞》等书。陈中凡先生自十岁至十五岁,跟随叔父读经,"幼侍函丈,略闻经旨"[2]。陈先生在北京大学学习时,先拜刘师培为师,专攻经史。刘氏三世传经,海内推为巨擘,陈先生从之受业,得其精义。但他没有固步自封,后来接受了李大钊、蔡元培、陈独秀等人的熏陶,而能敏于谋新,跟随时代的步伐前进,不断探索和开辟自己独立向学的途径。

陈先生原来是学哲学的。在南京两江师范读书时,常到金陵刻经处听讲佛学,遂引起对哲学的兴趣。1912年他在沪江大学补习英文,一年后考入北京大学哲学门,学习三年,成绩优异,常有述作,并积极参加进德会、哲学会等社团,思想活跃。

1917年,陈先生于北大毕业。由于校长蔡元培的决定,留校任预科补习班国文教员。这是他生活道路的新的起点,也是他治学方向的一大转折。

随着文科学长陈独秀改革文科教学计划的推行,陈中凡先生被调任北大国史编纂处纂辑员。同时,又应聘兼任北京女子高等师范的国文专修科教员。因为支持女生参加爱国运动,一度被解职。同年8月,该校校长易人,经新校长毛邦伟的聘请,才回到女高师,担任国文部主任兼教员。1921年9月,陈先生南下任东南大学国文系主任兼教授;1925年任广东大学文科学长兼教授;1926年任金陵大学国文系教授,并在东吴大学兼课;1928年任上海暨南大学国文系主任,次年任文学院院长;1930年并兼课于大夏大学;1934年去广州任中山大学中文系教授;1935年任金陵女子文理学院中国文学讲座教授,1937年随校迁成都,担当系主任之职,并兼课于四川大学师范学院、朝阳法学院。解放初期,任金陵大学文学院院长兼教授;1952年院系调整,任南京大学中文系教授,数十年如一日,兢兢业业,坚守教育岗位。

---

[1] 陈中凡:《先叔父惕庵府君行述》,《国学丛刊》第一卷第二期,1923年。
[2] 同上。

在南大中文系工作期间，为了适应教学的需要，陈中凡先生在治学领域里又作了新的开拓。他毅然另辟蹊径，自编教材，担当起宋元明清文学史和中国戏剧史方面的课程。一边教学，一边著述，发表了许多有关戏曲小说的论文。从1956年开始，他又培养了好几届中国戏曲史专业的研究生。他的指导方针是理论与实践相结合，坚持昆曲是必修科目。他对昆曲的挚爱，源于1917年在北大时与曲学大师吴梅的订交。当他到东南大学掌国文系教政后，即将吴梅请来南京主讲戏曲课。吴氏要求学生知音识谱，会唱会写，培养了一批民族戏曲的研究人才。陈先生认为，戏曲是综合艺术，只有懂得它的音律声腔，掌握剧种的特点，才能深入探讨。这是他一贯的教学主张。早在暨南大学的时候，他就请昆曲家俞振飞到校开设昆曲课。解放后，昆曲获得了新生，特别是1956年"一出戏（《十五贯》）救活了一个剧种"。他在欣喜之余，决心为昆曲的研究工作培养接班人，力图恢复吴梅在南大的教学传统。他重视民族文化的一番苦心，受到文化界和教育界的称赞和尊敬。

二

陈中凡先生是一位思想不断趋新，具有现代社会科学通识的学者。他治学植基深厚，富有国学修养；举凡哲学、文学、历史学，乃至书目学、古文字学、教育学、艺术史等，都有引人注目的建树。他能通方知类，运用科学方法进行分析综合，加以变化恢宏，从而取得了相当的成就。

陈先生治学勤奋，著述颇丰。早在二十年代，他就出版了我国第一部《中国文学批评史》。前几年中国古典文学理论研究会成立，还推举陈先生领衔为理事。他对于诸子群经的研究，有自己的见解。"五四"运动前，他就在《国民杂志》上发表了《老子学说略》、《庄子学说略》等学术论文。此后数十年内，他先后出版的著作有：1923年的《古书读校法》、《诸子书目》、《经学通论》；1925年的《诸子通谊》；1927年的《书目举要补正》、《中国韵文通论》；1928年的《周秦文学》;1929年的《汉魏六朝文学》;1933年的《两宋思想述评》;1945年的《民主与教育》、《中国民主运动史》;1946年的《中国民主思想发展史》;1956年的《汉魏六朝散文选》;1964年的《中国戏剧概要》(与钱南扬先生合编)等。他所著的《古书读校法》一书,全面地介绍了古书的体裁、类别,读古书之旨趣以及读古书之方法,如:别真伪,识途径,明诂训,辨章句,考故实,通条理,治经宜知家法,治史应详察事实,治诸子应知流别,等等,书末附治国学书目。此书于1923年初版后,三年内连印四次,作为青年学生国学入门读物,风行一时。

1918年至1981年,陈中凡先生发表了近百篇学术论文,散见于各报刊杂志。解放前写的以论述古典文学和诸子群经的最有价值,还有关于音乐、美术方面的论文,如《中国音乐科学化》、《清晖山馆读画记》等,也很引人注目。解放后以小说戏剧的研究论文为主,其中有许多是陈先生学习和运用马列主义的观点和方法潜心研讨的力作。他发表的关于《水浒》、《红楼梦》的评论文章,关于《西厢记》、《牡丹亭》的研究论文,深思熟虑,颇有心得。陈先生在科研教学工作中能够接受新事物,提出新见解,达到新水平,他这种学而不厌、诲人不倦的治学态度,给人以启迪,在推动我国古典文学研究和教学方面起了积极的作用。

陈先生不仅治学态度严谨,而且研究范围甚广。他对甲骨文也曾进行过钻研,如1923年发表了《从文字学上所见的初民之习性》、《中国文字学上之原始宗教考》、《文字学上之中国人种起源考》、《古代图绩(绘)文字之异同及其分合》等有关文字学方面的论文。又如教育学,陈先生早年就留意于教育史的编纂。陈先生曾在一文中说道:"从前蔡子民先生主国史编纂处时,曾编过通史,并叫我编教育史。"[1]其后,陈先生还发表了《中国古代大学教育的三大目的》、《中国古代大学教育的教学方案》等论文。可惜因忙于教学,他编纂

---

[1] 陈中凡:《读什么书》,《读书月刊》1931年第二卷第一期。

教育史的愿望未能实现。

陈先生还出版过《清晖山馆散文集》。遗稿有《清晖山馆诗钞》以及《吴越春秋校注》。1980年和1981年,还在《书林》和《江苏戏剧》上,发表《〈牡丹亭〉的反封建主题》以及论述《窦娥冤》的文章。先生时年已九十三岁,直至卧床不起,他才停下了那支勤奋的笔。

三

陈先生作为一个热心为教育事业奋斗终生的教育家,他的立身行事,深受人们的尊敬,在国内外学术界享有一定的声望。

1924年7月,他曾应邀去西安讲学。其《陕西纪游》云:"民国十有三年夏,国立西北大学及陕西教育厅合组暑期学校,校长傅佩青暨教育厅长马凌甫函聘任国学讲席,遂有西安之行。"鲁迅先生时任北京大学教授,也应邀前往,为暑期学校讲了《中国小说之历史的变迁》,内容精湛,很受听众的欢迎。陈中凡先生与鲁迅先生同行讲学,留下的印象至为深刻。事隔五十二年之后,他还写了一篇《鲁迅到西北大学的片断》[①],记述此事。

1930年6月,陈先生曾东渡日本考察。当时由中华学艺社派出学术视察团去日本考察政治、经济、司法、教育、社会等情形。成员除陈先生外,尚有鲁继周、陈雪涛、杨孝慈、陈曰睿四人。陈先生回国后发表了《日本教育视察记》[②]、《日本近代文艺思潮》、《日光山游记》等文。解放后,陈先生还与日本的汉学家波多野太郎等有书信往还,为增进日中学术交流活动做出努力。

陈先生还热情参加学术杂志的编辑工作。1921年至1924年他担任东南大学国文系主任时,因为对"学衡派"盲目复古表示不满,乃主编《国学丛刊》,提倡用科学方法整理国故。抗日战争时期,陈先生在成都任教期间,应

---

① 单演义编:《鲁迅在西安》,西北大学,1978年。
② 《学艺》1931年第十一卷,第一、三、五期。

马哲民之约,与李相符、沈志远等人合编《大学月刊》,宣传民主与文化、民主与科学以及抗日救国等进步思想。解放后,中国科学院文学研究所的《文学研究》以及其他学术刊物,曾聘请陈先生为编委。

在办学活动中,陈先生受到蔡元培先生的影响,主张大学应是"囊括大典,网罗众家"的学府,各种学派,兼容并包。陈先生尤为注重延请国内外知名的进步学者,为青年学生讲授新兴的社会科学知识。在旧中国的历史条件下,他能这样做,是很不容易的。

早在1918年,北京女子高等师范学校的学生,因为对当时所受的旧教育不满,渴望改革,强烈要求校方撤换班主任戴礼(女,讲授经学)和陈树声(男,讲授古文)的职务,校长不得已,乃请陈中凡先生为主任。陈先生接任以后因势利导,教学面貌焕然一新,他继承蔡元培兼容并包的办学方针,把北大国文系的教师,如新潮派的李大钊、胡适,国故派的刘师培、黄侃,都延请到该校任教。李大钊当时担任"社会学"和"女权运动史"两门课程,使学生接触马列主义的理论,了解俄国十月革命的情况和世界劳动妇女争取自由平等的动态。学生们求知若渴,对陈先生主持系政极为满意。

此后,陈先生于1928年到上海暨南大学,又延聘许德珩、李达、邓初民等著名的进步学者来院讲课,学生非常欢迎,他也从中初步接受唯物主义学说。为此,陈先生曾受到反动政府高教司的警告和干涉。陈先生不为所屈,遂愤而辞职,离开了暨大。

四

从青年时代起,中凡先生就富有爱国热情,对于帝国主义的侵略和封建统治者的压迫极为愤懑。他在中学时曾参加光复会,后来又参加了孙中山先生领导的辛亥革命,毅然投入江浙联军任书记官。进北大学习后,他在革命先驱者李大钊的影响下,积极参加爱国运动。"五四"前夕,他担任了学生救国会出版的《国民杂志》编委。"这个刊物的目的是宣传爱国、反帝、反军阀、反卖国贼。担任编委的有：邓中夏、黄日葵、高尚德、陈宝锷、陈中凡、马骏、许德珩等，并请李大钊同志来指导。"[1] "五四"运动爆发前后，陈中凡先生利用讲坛鼓励学生积极投入伟大的爱国运动的革命洪流中去。

第一次国内革命战争时期，陈先生拥护孙中山"联苏联共扶助工农"三大政策，并对国共合作后出现的革命高潮寄予希望。他曾应邀去广州任教。后来蒋介石背叛革命，使他陷于失望。此后二十多年里，他断然拒绝了国民党反动派对他的多次拉拢，表现了一个正直爱国的知识分子的觉悟。抗日战争爆发后，他参加了中华全国文艺界抗敌协会等文化团体，拥护共产党关于抗日民族统一战线的主张，反对国民党政府的卖国投降路线。1947年，他曾利用座谈会、讲演等方式，有力地支持了"五·二〇"学生爱国运动。

新中国成立时，陈中凡先生已年逾花甲，他感到极大的欢欣鼓舞，在生活道路上开始了新的起点。他担任金陵大学学委会主任，认真学习马列主义，在共产党的领导下，积极投入社会主义建设事业。解放以来，他历任全国政协委员、民主同盟中央委员、江苏省政协副主席、省人大代表、省民盟主任委员、省文史馆代馆长、省民间文学工作者协会名誉主席等职务，团结广大知识分子一道为祖国的繁荣富强贡献心力。粉碎"四人帮"后，年已九旬的陈老，精神分外振奋，连续三次晋京，出席全国政协会议，并列席全国人大会议，满腔热忱地关心和商讨国家大事。综观陈老的一生，是爱国的一生，追求进步的一生，是值得我们纪念和学习的。

（原载《江海学刊》1983年第1期）

---

[1] 许德珩：《纪念五四运动六十周年》，《人民日报》1979年5月5日。

关国煊①

陈中凡传

陈中凡,原名钟凡,解放后改名中凡,字觉元,号斠玄,别署觉玄、清晖、清晖馆主,斋名清晖山馆,江苏盐城人(此据陈中凡《中国文学批评史》、陈中凡《陈中凡自传》作建湖;四川人民出版社《中国文学家辞典》现代第一分册作江苏省建湖县上冈镇,案:建湖县于三十年由盐城、阜宁两县析置,初名建阳县,四十年改名建湖县,是以陈氏晚年改称建湖人)。祖籍江州,宋末迁苏,再传迁盐,清光绪十四年八月二十四日(1888年9月29日,此据陈中凡《陈中凡自传》,四川人民出版社《中国文学家辞典》现代第一分册,姚柯夫《陈中凡传略》作1888年9月,陈玉堂《中国文学史旧版书目提要》作1888年,樊荫南《当代中国名人录》作民国二十年陈氏年四十四,上溯生年亦为1888年;谢冰莹《作家印象记》之《陈中凡》,李立明《中国现代六百作家小传》作生于1887年)生于盐城上冈镇七里庵乡。陈家书香门第,祖父松岩,善治《毛诗》,著有《诗说》

---

① 作者原为台湾《传记文学》"民国人物小传"专栏作家。

二卷,长沙王先谦(益吾)志其墓,称其"精思绝诣,与高邮王念孙父子相翕应"(陈中凡《先叔父惕庵府君行述》);父玉冠(章甫),任塾师;叔玉澍(惕庵),光绪十四年戊子举人,曾任盐城尚志书院山长、南京两江师范学堂教务长,著有《毛诗异文笺》、《尔雅释例》、《后乐堂诗文集》等书,平生以"不受一自辱之钱,不作一近耻之事"自勉。中凡幼年随叔父玉澍读书,历时五载,乃叔喜其聪颖,以曾参"少讽诵,壮议论,老教诲"相勉,晚年自言:"受他的影响至深。"光绪二十九年(1903),入镇江承志学校,同年加入章炳麟(太炎)之光复会(三十一年与兴中会、华兴会合组为同盟会)。三十年,改入淮安中学堂,后考入南京两江师范学堂,在南京时,周末常至金陵刻经处听杨文会(仁山)等讲佛学,遂引起对哲学之兴趣。宣统三年八月,闻武昌革命军兴,参加辛亥革命,以学监之荐,任江苏第一军书记官。

民国元年,至上海沪江大学补习英文。二年(此据《陈中凡自传》,《陈中凡传略》作三年),考入北京大学文科哲学门,师事刘师培(光汉),研读经史,得其精义。四年十二月,哲学门教授马叙伦(夷初)辞职,以示对袁世凯(慰亭)总统恢复帝制之抗议,行前诸生造歌以壮行色,并合摄一影留念(图片见冯友兰《三松堂自序》)。陈中凡后受校长蔡元培(孑民),教授陈独秀(仲甫)、李大钊(守常)等影响,敏于探求新知,信仰蔡元培之自由主义,偏于唯心学派。六年三月,与同学黄建中(离明)、冯友兰(芝生)、孙本文(时哲)等十余人发起成立北大哲学会(源于民元之进德会及社会改良会),以商榷东西诸家哲学,瀹启新知为宗旨,其所撰《北大哲学会启》云:"昔老聘陈玄理,庄周论道术。近缘远西爱知之义,学以哲称,寻名似别,校术则通矣。惟百家各推所长,众说蔽于一曲。因非因是,见畸见齐,故持论互乖,后先异趣。……正赖缀学之士,明蔽短以合要归,摭芬芳而弃秕稗。……在昔道艺阊明,每赖师儒商略。矧兹集雅之堂,不乏研畿之彦。仰胜轨于千秋,鼓芳风乎斯世,实企鸿达,参于翱翔。谨揭短言,幸共扬榷。"同月学会成立,任干事,每月开演讲会一次,每年刊行会刊二至四册;夏,大学毕业,获文学士学位,二年级同学冯友兰、孙本文等为开送别会,会毕留影;秋,校长蔡元培聘陈中凡、黄建中为预科补习班国文教员,是时校中开办各科研究所,奉校长命入所为研究生,第一次开研究会时,蔡元培讲"西洋哲学的趋势",开讨论会时,陈汉章(伯弢)提议刊行月刊,"并指我们说:'他们著作皆不少,可供材料。'先生(引案:指北大文科学长陈独秀)直率地说:'他们知道什么!月刊现在尚不能刊行,非等到研究有结果不可!'大家皆不开口了。"(陈中凡《陈独秀先生印象记》)七年一月,蔡元培等发起成立北京大学进德会(溯自民元之进德会、社会改良会),以建立新道德为宗旨,加入为会员,该会主张"六不"主义,第一为"不做官",从此养成"超政治"之思想;二月,工作有变,"蔡先生对我和离明说:'本校预科现在主张白话文,你们是研究古文的,教补习班不甚相宜。现在本人呈准国务院,将国史馆划归本校,为国史编纂处(引案:国史馆停办,惟于北大内设国史编纂处,事在六年四月,陈文所记有误),内分征集及纂辑两股,即调你们为纂辑员。我们知道这是先生(引案:陈独秀)的主张,因为先生正罗致刘半农(复)诸君,全力改革预科的课程。补习班当然要与它衔接一气的'"(《陈独秀先生印象记》),改任附设于北大之国史编纂处纂辑员;八月,北京女子高等师范学校(简称女高师)学生因不满班主任戴礼、陈树声,要求撤换两人经学、古文教员职务,校长方还(惟一)不得已,乃请陈中凡为主任兼教员,遂辞去纂辑员职务,接任后大加革新,又秉承蔡元培兼容并包之办学方针,聘请北大中文系旧派教授刘师培、黄侃(季刚),新派教授李大钊、胡适(适之)至女高师兼课。八年一月,在学生救国会刊物《国民杂志》月刊(与邓中夏、高尚德、陈宝锷、马骏、黄日葵、许德珩等任编辑委员,并请李大钊指导)创刊号发表《老子学说略》(至第一卷第三期刊毕);四月,在《国民杂志》第一卷第四期发表《庄子学说略》;五月,"五四"运动起,积极支持学生救国会之工作,并在讲台鼓励女生参加爱国运动,为此为女高师解聘;七月,女高师校长易人;八月,新校长毛邦伟聘陈中凡回校任国文部主任兼教员。九年,在女高师《文艺会刊》第二期发表《文科进行方针》、《学术思潮与教育主义之改进》。

十年八月,离京南下;九月,任南京东南大学(中央大学、南京大学前身)国文系主任兼教授。十一年三月,在《文哲学报》发表《中国文学演进之趋势》;同年商务印书馆出版《国学研究会演讲录》第一辑,内收陈中凡《秦汉间中国之儒术与儒教》一文。十二年,出版《诸子书目》、《经学通论》上、下卷(以上东南大学版)、《古书读校法》(商务印书馆版,列为《东南大学丛书》之一,十五年印行四版);同年因不满"学衡派"[十年东南大学西洋文学系主任梅光迪(觐庄)、教授吴宓(雨僧)创刊《学衡》杂志,致力迻译,介绍西欧古代重要学术文艺,及近世学者论学论文之作,以反对"五四"新文学、发扬中国文化自任]盲目复古,乃主编东南大学、南京高等师范学校(简称南高师,十二年并入东南大学)合办之《国学丛刊》,提倡用科学方法整理国故,与"学衡派"相抗衡,在创刊号发表《论读古书之旨趣》、《秦汉经师之方士化》、《诗经毛传改字释例》、《明儒》、《中国学术源流叙例》,其后迭有文章在该刊发表。十三年七月,与鲁迅(周树人)、夏元瑮(浮筠)、王桐龄(峄山)、刘文海(静波)、陈定谟、李济(济之)、蒋廷黻、李干臣(李顺卿)、吴宓、林砺儒(纯直)、梁龙(云从)、王凤仪(来亭)、柴春霖(东生)等十三人应陕西省(省长刘镇华)教育厅(厅长马凌甫)及西北大学(校长傅铜)之约,前往西安,至两者合办之暑期学校讲学,陈中凡主国学讲席,担任"中学国文教学法"、"中国文学演进之顺序"、"读古书的途径"三讲题;八月,赴陕西省长刘镇华(雪亚)假"易俗社"所设之饯行宴,同月离陕返宁;十月二十一日,在《西北大学周刊》发表《陕西纪游》一文,略云:"往返凡四十有九日,游踪所及,举凡太华终南之奇,河渭伊洛之广,函谷潼关之险峻,曩昔所向往者,莫不登临,一揽其胜,信足名平生之赏矣。"十二月,应邀前往广州。十四年春(此据上海教育出版社《中山大学校史》附录一《中山大学历任校长、教务长、各学院院长姓名》;《陈中凡传略》作十三年),任广州广东大学(中山大学前身)文科学长兼教授,为期一年;秋,以粤局不靖,失望而归,由吴康(敬轩)继任文科学长;十一月,在苏州东吴大学兼课,自言在东吴兼课时,"教育部长易培基电邀我任江苏省教育厅长,未就";同年出版《诸子通谊》三卷（商务印书馆版，列为《东南大学丛书》之一，十五年印行三版；《中国现代六百作家小传》误作《诸子通谊》）。十五年初，任南京金陵大学国文系教授；七月，辞去东吴大学教席；同年在《中国大学季刊》创刊号发表《论元曲中的"小令"和"套数"》。十六年二月，出版《中国文学批评史》（中华书局版，列为《文学丛书》第一种，二十九年二月印行六版）、《中国韵文通论》（中华书局版，列为《文学丛书》第二种，二十五年三月印行四版，《中国现代六百作家小传》误作《韵文通论》），前者乃中国第一本文学批评史（二十三年四月，罗根泽出版《中国文学批评史》，据云得此书之助甚多；郭绍虞《中国文学批评史》上册出版于二十四年五月，俱晚于陈著），全书十二章，首章为"文学之义界"，次曰"文学批评"，三乃"总述"，以下按代由周秦分章论述，迄于清代，后者所述之韵文包括诗、词、曲、赋各类，内分"诗经略论"、"论楚辞"、"诗骚之比较"、"论汉魏六朝赋"、"论乐府诗"、"汉魏及隋唐古诗"、"论唐人近体诗"、"唐五代及两宋诗词"、"金元以来南北曲"九章；同年出版《书目举要补正》（金陵大学版；民国九年，周贞亮、李之鼎刊行《书目举要》一书）。十七年，任上海暨南大学国文系主任；同年出版《周秦文学》（暨南大学版），在《暨南大学中国语文学系期刊》创刊号发表《楚辞各篇作者考》。十八年，以马宗融之介，加入"中华学艺社"，复以杨铨（杏佛）之介，校长郑洪年（韶觉）任为暨南大学文学院长，于院长任内，聘左派学者许德珩（楚生）为历史社会系教授兼主任，邓初民、李达（鹤鸣）等为哲学教授，讲授唯物主义学说，自言："此举虽受高教司警告，我因持自由主义态度，未予理睬。邓初民氏曾最早介绍我读马列主义书籍。"（《陈中凡自传》）许德珩《许德珩回忆录——为了民主与科学》记云："一九二九年底，我的北大同学陈中凡在上海暨南大学任文学院院长，他约我作暨大历史社会系主任。我提出三个条件：（1）聘李达、邓初民、马哲民等为教授；（2）我虽担任系主任，但不出席学校的会议；（3）社会科学院的全部学生，暨南大学一律接受为正式学生。陈中凡对这三项条件全部应允，于是我遂来暨大任教，我在暨大教了一年半的书；讲的是唯物辩证法和历史唯物论，但蒋政权的教育部高教司长孙某告我在暨大宣传共产主义。暨大当局无可奈何,只好将我解聘。"(二十年六月,许德珩离沪北上,改任北平师范大学教授,是时教育部高等教育司司长为孙本文)同年出版《汉魏六朝文学》(商务印书馆版,列为《百科小丛书》之一,十九年,收入《万有文库》第一集)。十九年六月,与陈曰睿、陈雪涛、杨孝慈、鲁继周四人中华学艺社第七次学术视察团,东渡日本考察政治、经济、司法、教育、社会等情况,历时一月,写有《日光山游记》、《日本教育视察记》、《日本近代文艺思潮》(载《暨南大学文学院集刊》第一集);同年兼上海大夏大学教授。

二十年冬,暨南大学教授朱谦之(情牵)《中国音乐文学史》一书脱稿,请陈中凡校读、撰序[后因故延至二十三年始成,二十四年八月,由弟子詹安泰(祝南)侍游后湖;十月,商务印书馆印行《中国音乐小史》,以陈之万言长序冠于卷首(并见《中山大学文史学研究所月刊》第三卷第一期)];同年,出版《清晖集》(内收《清晖山馆诗钞》、《清晖山馆散文》、《清晖山馆诗文续编》,暨南大学版)。二十一年三月,前往广州办暨南大学临时分校,并在中山大学兼课,由张凤(天方)任代理文学院长;七月,离穗返沪。二十二年十月,出版《两宋思想述评》(商务印书馆版,二十七年五月再版);二十三年二月,"因CC派潘公展、复兴派吴兴亚等嗾使三青团(引案:三民主义青年团之简称)干涉校政,愤而辞职",由孟寿椿继任暨大文学院长,赋闲期间,"陈立夫曾约谈,因意见不合,不欢而退"(《陈中凡自传》);八月,离沪至穗,任中山大学教授。二十四年四月,章炳麟在苏州办"章氏星期讲演会",第三期讲题为《论读经有利而无弊》(有讲演记录印行,由王春睿等记,并见是年六月十五、十六日天津《大公报》),谓:"居今而言读经,鲜不遭浅人之侮,然余敢正告国人曰:'于今读经,有千利而无一弊也!'兹分三段论之:(1)论经学之利;(2)论读经无顽固之弊;(3)论今日一切顽固之弊,反赖读经以救。"五月十日,《教育杂志》第二十五卷第五期出版《读经问题专号》,发表全国专家对读经问题之意见,据该杂志分析,于综合七十多位专家之意见后,得出以下之结论:"把读经当做中小学校中必修的科目,那么大多数人都以为不必。"意见具体分为三大类:"① 绝对的赞成者;② 相对的赞成者,同时亦可称为相对的反对者;③ 绝对的反对者。双方人数都不过十余人,其余都可归入相对的赞成或反对的一类中去。同时相对的一类的意见又有程度的不同:有的主张小学起,就可酌量读经,有的主张中学起,有的主张大学起,有的主张凡学校中的青年都不宜读,应让专家去研究。"参加是次讨论之专家有:蔡元培、林砺儒、陈中凡、陈立夫、唐文治(蔚芝)、姚永朴(仲实)、钱基博(子泉)、顾实(惕生)、江亢虎(洪水)、胡朴安(韫玉)、蒋复璁(慰堂)、刘百闵(学逊)、翁文灏(咏霓)、陶希圣(汇曾)、周予同(毓懋)、柳亚子(弃疾)、叶青(任卓宣)、陈望道(参一)七十余人,陈中凡因函覆杂志编者,以提倡读经者之动机"非我所敢知也",表示持保留态度(唐文治主张读经,叶青反对读经,蔡元培认为"小学生读经,是有害的,中学生读整部的经,也是有害的");七月,任南京金陵女子文理学院中国文学讲座教授、金陵大学中文系教授。二十五年八月,"吴越史地研究会"成立,当选为理事(会长蔡元培);是年撰蔡尚思《〈中国思想研究法〉序》,序文提到"有意采用释古、经济史观",中央研究院院长蔡元培闻后,大为赞赏,为此"亦与陈氏书,表示同意道:'大作一序,元元本本,殚见洽闻,甚可佩也!'"[蔡尚思《蔡元培学术思想传记(蔡元培与中国学术思想界)》]

二十六年七月,抗战军兴;秋,金陵女子文理学院暂在上海、武昌、成都三地分区开学,南京则由少数中西同人留守;十二月初,校长吴贻芳决定金陵女子文理学院沪、汉二区亦返成都,借用华西协合大学之校舍,十三日,南京沦陷(陈中凡《五十生日自述》七律注云"敝斋藏书十万卷,字画三百帧,首都沦陷,尽付劫灰"),其后金陵女子文理学院得教育部及四川省政府补助,自建校舍、添置设备,陈中凡随校入川后,任国文系主任,并兼四川大学师范学院、朝阳法学院教授。二十八年,以陈翔鹤之介,加入"中华全国文艺界抗敌协会"(简称"文协",二十七年三月成立于汉口)成都分会(成立于二十八年一月,李劼人、周文、萧军等当选为理事);同年寄《清晖吟稿》嘱弟子、中山大学诗词教授詹安泰为之点定,詹拜读后,敬题五十韵(见《鹪鹩巢诗集》卷四)。三十年五月,撰詹安泰《鹪鹩巢诗集》题词(载《鹪鹩巢诗·无盦词》合集,七十二年香港"至乐楼"版,列为《至乐楼丛书》第廿五种);八月,在《文史杂志》第一卷第十期发表《清晖诗说》。三十一年一月,应马哲民之约,与李相符、沈志远等在成都合编《大学月刊》,该刊以讨论学术科学化等问题,宣传民主、科学以及抗日救国思想为宗旨,在创刊号发表《中国古代大学教育之三大目的》一文,其后长期为该刊撰稿;九月,在《学思》杂志第一卷第九期发表《中国人物画之起源及其演变》(至第十二期刊出)。三十二年十月,在《大学月刊》第二卷第十期发表《民主与文化》、《中国民主运动史略》;同年在《金陵女子文理学院文科集刊》第一集发表《西汉划时代的思想家扬雄》。三十三年七月,在《文史杂志》第四卷第一、二期发表《文人画之源流及其评价》。

三十四年四月,在《大学月刊》第四卷第四期发表《民主的教育与教育的民主》;八月,抗战胜利;同年出版《民主与教育》(即《民主的教育与教育的民主》单行本)、《中国民主运动史》(即《中国民主运动史略》之单行本,成都大学印书局版)。三十五年五月,国府还都,陈中凡随金陵女子文理学院复员南京;同年出版《中国民主思想发展史》(成都大学印书局版,《中国现代六百作家小传》误作《中国思想史》)。三十六年五月二十日,京沪苏杭区学生六千余人在南京举行"挽救教育危机联合大游行",并向同日开幕之第四届国民参政会第三次大会请愿,在新街口与军警发生冲突,学生被捕者二十余人,陈中凡大力支持"五·二〇"反内战、反饥饿、反暴行之学生运动。三十七年四月,在《文讯》杂志第八卷第四期发表《〈红楼梦〉试论》;十月,在《文讯》杂志第九卷第四期发表《论〈水浒〉》。

1949年6月,应"中华全国文学艺术工作者代表大会"(简称"文代会")筹备委员会主任郭沫若(鼎堂),副主任茅盾(沈雁冰)、周扬(起应)函邀,至北平出席第一次"文代会",属南方代表第二团(团长冯雪峰,副团长陈白尘、孔罗荪),当选为大会主席团成员(总主席郭沫若),会议决定成立"中华全国文学艺术界联合会"(简称"全国文联"),由郭沫若任主席,茅盾、周扬副之,陈中凡经孔罗荪推荐为南京市"文联"副主席,其后改任金陵大学文学院长兼中文系教授,又兼金陵大学学务委员会主任,带头学习马列主义,拥护共产党领导。1950年经陈敏之介绍,加入中国民主同盟(简称"民盟")。1952年秋,大陆高校院系调整,以南京大学(中央大学改)师范学院、金陵大学、金陵女子文理学院有关系、科为主体,合并其他院校为南京师范学院(简称南师),陈中凡调任南京大学中文系教授,以迄去世。任教期间,致力培训宋元明清文学史与中国戏剧史专业之科研、教学人才,指导中文系历届戏剧研究生,编有中国戏剧史讲座教材,强调理论联系实际,为此以身作则,躬践剧坛,改编剧本,观摩演出,撰写剧评,又亲访名师,自度昆曲,甚至鼓励受业者粉墨登场,从而亲自领悟戏剧艺术之精粹。在南京大学时加入教育工会,又应周谷城函约,加入"中国史学会"。1953年9月,任出席第二次"文代会"代表,至北平出席会议。1956年,出版《汉魏六朝散文选》(上海古典文学出版社版,1962年,中华书局印行新一版),在《南京大学学报》第一、三、四期发表《试论〈水浒传〉的作者及其创作时代》、《〈红楼梦〉作者曹雪芹的世界观和创作方法》、《纪君祥的〈赵氏孤儿〉杂剧》;同年董作宾(彦堂)刊行《甲骨文外编》,收甲骨四百三十四片,其中部分乃陈中凡所藏[《铁云藏龟》编者刘鹗(铁云)以庚子买仓粮事得罪,流新疆死,所藏甲骨散出,其后部分归陈中凡所得]。1958年3月,任民盟江苏省二届委员会主任委员;10月,任江苏省人民委员会委员;12月,任民盟三届中央委员;同年江苏《江海学刊》创刊,任编辑委员,在《南京大学学报》第一期发表《梁辰鱼〈浣纱记〉改编本前言》,在《光明日报》副刊《文学遗产》增刊第六辑(中华书局印行)发表《高明〈琵琶记〉评价的商榷》,在《文学研究》第一期发表《元好问及其丧乱诗》,在《戏曲论丛》第二辑发表《南戏怎样改编关汉卿的〈拜月亭〉》,在《江海学刊》创刊号发表《批判冯雪峰〈回答关于《水浒》的几个问题〉》。1959年4月,任三届中国人民政治协商会议(简称"政协")全国委员(代表民盟;政协主席周恩来);6月,在《江苏戏曲》六月号发表《越剧改编〈桃花扇〉的新成就》。1960年7月,任出席第三次"文代会"代表;同年在《江海学刊》第二期发表《关于〈西厢记〉的创作时代及其作者》,又在《文学评论》第六期发表《元曲研究的成就及其存在的问题》。

1961年1月,在《光明日报》发表《关于〈西厢记〉杂剧的作者问题》;3月,在《文汇报》发表《有关古代历史剧的几种看法》;4月,在《光明日报》发表《再谈〈西厢记〉的作者问题》;10月,在《光明日报》发表《关于〈西厢记〉作者问题的再进一步探讨》;同年在《戏剧报》第十五期发表《从历史素材到〈赵氏孤儿〉杂剧》。1962年1月,任民盟江苏省三届委员会主任委员;同年在《南京大学学报》第一期发表《关汉卿杂剧中现实主义与浪漫主义相结合的范例》,在《雨花》五月号发表《毛泽东思想对于古典文学研究的指导意义》,在《文学评论》第四期发表《汤显祖〈牡丹亭〉简论》,在《江海学刊》第六期发表与王永健合撰之《略论元剧〈水浒戏〉》。1963年10月,在《光明日报》发表《对传统戏曲推陈出新之我见》。1964年12月,任四届政协全国委员(代表民盟;政协主席周恩来);同年出版《中国戏剧概要》(与钱南扬合编,南京大学中文系版),在《南京大学学报》第二期发表《继承古典文学遗产必须采取革命的批判态度》,在第七期发表《从隋唐大曲试探当时歌舞戏的形成》。1965年6月,在《光明日报》发表《关汉卿杂剧的民主性与局限性》。1966年6月,"文化大革命"起,旋被指为"反动学术权威",受到批斗迫害之苦。1976年7月17日,就追忆所及,成《鲁迅到西北大学的片断》一文;10月,"四人帮"被捕。陈中凡晚年历任民盟中央委员、江苏省政协副主席(此据《陈中凡传略》;广东人民出版社《詹安泰纪念文集》附录《本文集作者简历》作主席)、江苏省人大代表、江苏省文史馆代馆长、"江苏省民间文学工作协会"名誉主席。1978年,年九十一,2月,任五届政协全国委员(代表民盟;政协主席邓小平);3月,至北京出席政协第一次会议,并列席五届人大第一次会议(五届人大委员长叶剑英);6月,至北京出席五届政协第二次会议,并列席五届人大第二次会议,同月西北大学印行《鲁迅在西安》(单演义编),内收陈中凡《鲁迅到西北大学的片断》一文;同年"中国古典文学理论学会"成立,当选为理事。1980年8月,至北京出席五届政协第三次会议,并列席五届人大第三次会议;9月,述《陈中凡自传》于北京(载《中国当代社会科学家》第一辑,1982年5月,书目文献出版社出版);同年在《书林》第一期发表《〈牡丹亭〉的反封建主题》,在《江苏戏剧》第七期发表《谈谈关汉卿部分作品的人物塑造》。1982年7月22日(此据姚柯夫《陈中凡传略》,京声、溪泉《新中国名人录》;陈玉堂《中国文学史出版书目提要》作1981年),因病在南京寓所清晖山馆去世,年九十五岁。1987年5月,书目文献出版社印行《清晖集》,题陈中凡著,柯夫编,由许德珩题签,列为《中国作家研究资料丛书》之一,内收《清晖山馆诗钞》三卷、附录一卷(《待旦集》、《感旧集》、《纪游集》,附录《赠言集》),《清晖山馆散文》四卷(《游记》、《传记》、《序跋》、《书牍》),《清晖山馆诗文续编》四卷、附录一卷(《清晖吟稿》上,《清晖吟稿》下,附录《商兑集》,《清晖散文》上,《清晖散文》下),全书以姚柯夫《陈中凡教授传略》、《陈中凡教授著述系年》为附录。

[关国煊稿。参考:陈中凡《陈中凡自传》(载《中国当代社会科学家第一辑》)、姚柯夫《陈中凡传略》(载《中国现代社会科学家传略》第五辑)]

(原载台湾《传记文学》1989年7月号)

孙 洵

著名教育家陈中凡

陈中凡教授是国内外著名的教育家和学者。他先后执教于北京大学、中山大学、暨南大学、南京大学等十几所高等学校,桃李满天下,为祖国培养了大批人才。在学术研究上他涉猎广泛,著述颇丰,且善于做开创性、探索性的工作。主要专著有:《古书读校法》、《诸子书目》、《经学通论》、《诸子通谊》、《书目举要补正》、《中国文学批评史》、《中国韵文通论》、《周秦文学》、《汉魏六朝文学》、《民主与教育》、《中国民主思想发展史》、《汉魏六朝散文选》、《怎样指导读者阅读古典文学》等。其中《中国文学批评史》一书,于1927年由商务印书馆出版。日本当代著名汉学家青木正儿在其《中国文学概说》中将此书列于选读书目之一。后来郭绍虞、朱东润、刘大杰等人在这方面的论著才相继问世。足见陈先生的著述在学术界有深远的影响。

陈先生原名钟凡,1888年9月29日出生于江苏省盐城县上冈镇七里庵乡的一个书香门第。所以学人多敬称他为"盐城陈子"。父亲陈玉冠是晚清秀才、廪生,于经史文诗造诣极深。叔父陈玉澍字惕庵,晚清举人。曾先后师事黄玄同、王先谦诸大家。陈中凡幼时聪明睿智,性情敦厚,读书勤奋,常过目而不忘,深得父亲和叔父的喜爱,玉澍公又亲为其执教。家学之渊源,治学又严谨,使得少年时代的陈中凡在乡里已负才名。后来,玉澍公应邀来南京两江师范学堂任教。陈中凡也在1907年来南京报考,以优异的成绩被录取在该校就读。当时国内知名学者李梅庵、缪筱珊(缪荃孙)、陈三立、方履中等人也在两江师范学堂授业。陈中凡如饥似渴,聆听教诲,博采众长,遂使眼界大开。1911年,武昌起义爆发,各省纷纷响应。陈中凡和其他爱国学生一样,毅然剪掉头上的辫子,以表示拥护辛亥革命。就在此时,"辫帅"张勋张牙舞爪、梦想复辟,还扬言要捕杀头上没有辫子的人,更加激发民众的愤怒。是时,柏文蔚率领的江浙联军向镇江方面进发,陈中凡星夜赶去镇江。这位文弱书生遂投笔从戎,后随军参与光复南京之役。

　　1913年,政局已较稳定。陈中凡求知心切,又风尘仆仆地赶到北京,考入北京大学预科。第二年转入文科学习哲学,兼学文学。因陈中凡的功力深厚,又勤于思考,深得经学大师刘师培的赏识。此时陈独秀正在北京主编《青年杂志》(后改名《新青年》),提倡新思想、新文化,青年学生都为之倾倒。陈中凡也常在课余前去求教。1916年,陈独秀被聘为北京大学教授,师生感情越发诚笃了。不久,陈独秀兼任北京大学文科学长(这相当于后来的文学院院长之职)。陈独秀不仅深谙旧学,又力主对古典文学要"取其精华,舍其糟粕"。这一思想对陈中凡的影响是极大的。一直到1942年,陈独秀病故,他们之间的学术交往才中止。

　　1917年,陈中凡在北京大学毕业后,因学业优良被留在北京大学附设国史编撰处任职。不久,又兼课于北京女子高等师范。今天台湾声誉卓著的苏雪林教授(自号绿漪女士),就是他在这个时期的授业女弟子之一。1921年秋,陈中凡应聘南下,任南京东南大学国文系教授兼系主任。不久,便在南京香铺营定居下来。1924年的暑假,陈中凡与鲁迅先生在西安见面。当时,陕西省教育厅和西北大学为活跃学术气氛,提高西北地区的文化水平,在西安举办暑期学校，聘请全国著名学者为之讲学。陈中凡是以南京东南大学国文系教授的身份应邀去西安的，并在1924年7月9日晚见到鲁迅先生，还同宿在耀武大旅馆。直到1976年，陈中凡应《西北大学学报》之约，撰写了《鲁迅到西北大学的片断》一文。这是陈先生生前最后一篇回忆鲁迅的文字了。

1928年春，陈中凡应邀到上海任暨南大学中文系教授兼文学院院长。他不仅孜孜于学业，还广罗俊彦。曾先后约请李达、邓初民、洪深等专家到校任课。

陈先生在教授生涯中，兢兢业业、循循善诱，深受学生爱戴。课余之暇，也雅好琴曲书画、诗词唱酬。据缪含同志回忆："1936年暑期，陈老应工余联欢社邀请，演出《贵妃醉酒》。先严欣然携我偕往香铺营文化会堂观赏，演出颇为精彩。作为蜚声国内的著名学者，平素庄严儒雅，竟然粉墨登场，在红氍毹上扮演风流皇帝，演技娴熟。若非先严从旁揭示，无从分辨庐山真面。演出后，一时士林传为佳话。"

抗战期间，他积极拥护中国共产党提出的抗日民族统一战线，热情支持国统区的民主斗争，并公开宣称平生"三不"主义：即一不做官，二不参加党派，三不接受官方津贴。表现了一个正直爱国的知识分子的觉悟和良心。解放后，他才由陈敏之、李相符等同志介绍加入中国民主同盟。他还热情地参加党所领导的各项政治活动和社会活动。为了满足广大文学爱好者的要求，陈中凡教授利用星期天休假，在南京市工人文化宫举办文学讲座。郑山尊、赖少其、孔罗荪等同志创办的艺人讲习班，陈先生也在戏曲理论方面做了很多辅导。他还力图运用马列主义的观点和方法，来不断刷新科研成绩。从1956年到"文革"前，他先后在《光明日报》、《文学评论》、《文学遗产》等报刊上发表了《〈红楼梦〉作者曹雪芹的世界观和创作方法》、《论纪君祥的〈赵氏孤儿〉杂剧》、《梁辰鱼〈浣纱记〉改编本前言》、《元好问及其丧乱诗》、《高明〈琵琶记〉评价的商榷》、《论〈吴越春秋〉为晋汉间说部及其在艺术上的成就》、《元曲研究的成就及其存在的问题》、《关于〈西厢记〉的创作时代及其作者》、《关于

〈西厢记〉杂剧的作者问题》、《有关古代历史剧的几种看法》、《再谈〈西厢记〉的作者问题》、《汤显祖〈牡丹亭〉简论》、《从隋唐大曲试探当时歌舞戏的形成》、《继承古典文学遗产必须采取革命的批判态度》等文章。陈先生撰写的有关古典小说和戏曲方面的论文,在推动我国古典文学的研究上,发挥了积极的作用。建国以后直到六十年代,他还为国家培养了许多学有成就的研究生,如吴新雷、董健、姚柯夫等同志。

党的十一届三中全会以后,陈先生虽已九十高龄,暮年夕照,但党和国家新的面貌、新的希望,燃起他极大的政治热情,坚持参加社会活动。他曾担任过全国政协委员、民盟中央委员、江苏省政协副主席、民盟江苏省委员会主任委员、江苏省文史馆代馆长、江苏省人民代表、江苏省民间文学工作者协会名誉主席等职。

陈中凡教授于 1982 年 7 月 22 日在南京逝世,终年九十四岁。

[原载《南京史志(南京)》1992 年 6 期]

龚　放

一代鸿儒
——中国古典文学家陈中凡

陈中凡(1888—1982)原名钟凡,字斠玄,号觉元,江苏盐城人。1909年就读于两江师范学堂。1914年入北京大学,毕业后留校工作,1919年在北京女高师执教,1921年任东南大学教授兼国文系主任,1926年后在金陵大学、金陵女子文理学院任教授。1949年兼任南京市文联主席。1952年起为南京大学教授,兼江苏省文史馆馆长。陈中凡博学洽闻,从目录学、诸子群经、文学批评史到文学史、戏剧史,晚年侧重古代戏剧史研究。

仰慕叔父而考入两江

陈中凡的叔父陈玉澍(1853—1906),字惕庵,肄业于南菁书院,受教于清季著名学者王先谦,并在其指点下完成《毛诗异文笺》十卷。陈玉澍是盐城的名孝廉,曾任尚志书院的院长。陈中凡"自10岁至15岁,从叔父读书,受他的影响至深"。陈玉澍为人方正、清廉,平日常以"不受一自辱之钱,不作一近耻之事"自勉，又以曾参"少讽诵、壮议论、老教诲"与弟子相勉。陈中凡受其薰沫，得益匪浅。陈玉澍光绪三十年（1904）秋应聘为三江师范学堂提调，曾撰写《教育刍言》三卷。也许是受叔父影响至深且仰慕其人品学问的缘故，陈中凡1909年由淮安中学堂考入两江师范学堂公共科，尽管当时叔父已病殁四年。在两江时，陈中凡常在周末去杨公井附近的金陵刻经处听讲佛学，遂对哲学产生浓厚兴趣。从两江师范毕业后，他即赴沪江大学补习英文，1914年考入北京大学哲学门。

支持"五四"曾遭解聘

1918年至1919年，陈中凡在附设于北京大学的国史编纂处任纂辑员，同时兼任北京女子高等师范学校国文专修科教员。他曾加入蔡元培发起的进德会；同时与邓中夏、许德珩等一起，担任《国民杂志》编委，这份杂志是学生救国会主办，反帝、反军阀的倾向十分突出。由于陈中凡支持学生参加"五四"运动，因此被女高师校方解聘。后来由新校长毛邦伟介绍，才重任北京女子高等师范学校国文部主任。

效古人"记妻寄子"

1921年仲夏之月，陈中凡由京返宁，应东南大学之聘，任国文系教授兼主任。他对女高师国文部的学生说："三年来，我忙于编教材，很少还乡，家中妻子，未及兼顾。近日南京东南大学寄来聘书，我考虑再三，踌躇不决。继思何不效古人记妻寄子法，把你们寄托给挚友胡小石先生。他为人正直，博学多才，书法遒劲，擅长诗歌、修辞之学，我向校长推荐，已获赞同，不知你们意下如何？"同学受教三年，与师情深，只是先生欲与师母团聚，在情在理，不便挽留，只能噙泪颔首。不久，陈中凡携胡小石一齐来到教室，说："关于胡先生的品格和学问，我上次已介绍过了，现在我把继任的担子交给他来挑，非常感激。你们要认真学习，把他的学问传授过来。"胡小石则说："自古'弟子不必不如师，师不必贤于弟子。'我承中凡兄之托来北京，和你们共同切磋，谈不上传授……"陈中凡与胡小石都是两江师范学堂的毕业生，他们神交已久，1920年春两人在上海梅庵先生家初次相晤，即感投缘。该年11月，经陈中凡的推荐，胡小石离沪北上，在北京女高师任教。事过六十多年，二老的女弟子、华东师范大学教授程俊英还清晰地记得在北京女高师读书时，陈中凡与胡小石"记妻寄子"的难忘一幕！

西北讲学的收获

1921年8月至1924年11月，陈中凡在东南大学任国文系教授、系主任。1924年7月，国立西北大学及陕西省教育厅合办暑期学校，函聘国内著名教授前去讲学。计有北大教授鲁迅、夏元瑮等14位名教授。东南大学应邀讲学的有三位教授：陈中凡（国文系）、吴宓（西洋文学系）、刘静波（文海，政治系）。陈中凡主讲的题目是：(1)中学国文教学法；(2)中国文学演进之顺序；(3)读古书的途径。西北之行，"往返凡四十有九日"。讲学之余，陈中凡等游览名胜，大开眼界。他在后来写的《陕西纪游》一文中说："游踪所及，举凡太华终南之奇，河渭伊洛之广，函谷潼关之险峻，曩昔所向往者，莫不登临，一揽其胜，信足名平生之赏矣。"令陈中凡难以忘怀的是，他曾与鲁迅先生等同行，有机会听鲁迅先生"小题大作"笑斥"苍蝇之声"。陈中凡与政治系教授刘静波同行，乘津浦路火车北行，到徐州改走陇海路，经商丘、开封到郑州。恰逢鲁迅、夏元瑮、王桐龄等自北京南下，于是偕同西行。第二天早晨苍蝇嗡鸣，扰人清梦。鲁迅先生说："《毛诗·齐风》所咏：'匪鸡则鸣，苍蝇之声'，于今朝验之矣。"过洛阳时，曾任北大理科学长的夏元瑮曾特地拜访军阀吴佩孚。吴问夏："在北大教什么课？"夏答："担任新物理中电子研究。"吴指其壁上所悬八卦图问:"此中亦有阴阳变化奥妙,能为我阐述否?"夏回答:"此旧物理,与新物理非一事。"吴佩孚强词夺理:"旧有旧的奥妙,新有新的道理。"夏元瑮拜访归来,与众教授谈及此事,众人皆笑,鲁迅揶揄道:"这也是苍蝇之声耳。"有人问刘静波教什么课,刘答:"研究国际问题,尤其是'大国家主义'。"鲁迅说:"是指帝国主义吧?其扰乱世界,比苍蝇更甚于百倍。"有人回忆"五四"运动时,蔡孑民(元培)先生在天安门发表演说,强调"只有洪水能消灭猛兽"。遂有人感叹问:"这些蝇营狗苟的琐屑,自当同时消灭否?"鲁迅先生回答说:"这虽是小题大作,将来新中国自有新环境,当然把一切害人虫一扫精光。"鲁迅先生讨厌苍蝇,曾在《战士和苍蝇》、《夏三虫》等杂文中痛斥过那些营营嗡嗡的"虫豸们"。西北之行,陈中凡听鲁迅三斥"苍蝇之声",印象极为深刻。五十多年后,他在《鲁迅到西北大学的片断》中回忆了这段往事。

挽幛痛悼胡小石

陈中凡一直以学长事胡小石,北上南下,共学共事。1920年秋,陈中凡约胡小石一起北行,到女高师任教。1921年夏他南下到东南大学主持国文系不久,即举荐胡小石南来,"已得当局首肯,中途为忌者所阻,未能如愿以偿"。1924年9月,金陵大学改组国文系,胡小石出任教授兼系主任,与当时已在金大兼职的陈中凡共事。不到一个学期,陈中凡匆促南行,赴广州中山大学任教。1926年春回到金大,两人又得聚首共事、赏奇析疑的机会。1927年因维护还是变更金陵大学旧制等事,两位先生意见不一,致生龃龉。陈中凡遂于1928年春改赴暨南大学任教,"从此音讯隔绝二十余年"。1952年院系调整,时在金大任教的陈中凡到了南大中文系,与胡小石、汪辟疆并称中文系"三老"。陈中凡和胡小石遂共事一堂,"共谋互相帮助,切实改进教学工作"。1962年胡小石溘然病逝,陈中凡深感震惊,"至于惋愕不知所措"。他追思两人五十多年来共学共事的关系,以及聚散离合的波折,更是感触万端。

他写了《悼念胡小石学长》一文,并"谨拟挽幛一联表示衷心的悼念":

三年共学,十年共事,愧季札缟纻相投,苍茫流水高山,几人知己!
四卷存稿,五卷存目,叹子敬人琴俱杳,惆怅凉风天末,何处招魂?

陈中凡与胡小石既为两江师范学堂同窗,又同在东大、中大、金大和南京大学共事多年,相互引为同调,虽曾有过隔阂,终能坦诚相见。陈中凡以"季札"、"子敬"相喻,其意真切,其情可感,令后生小辈至今感叹不已。

(原载"国学网"——学人部　国学大师　2005/08/03"建湖文史网—人物春秋—陈中凡研究"转载)

唐冰南(整理)

陈中凡：人品与学识交相辉映的国文大师

陈中凡(1888—1982)原名钟凡,江苏建湖人。幼年的陈中凡就深受叔父的影响,走上了一条人品与学识并举的成才道路。他常常拿叔父用以自勉的诸如"不受一自辱之钱,不作一近耻之事"之类的警句来鞭策自己,得益匪浅。在两江师范学堂就读时,他常于周末去杨公井附近的金陵刻经处听讲佛学,逐渐对哲学产生浓厚兴趣。于是从两江毕业后,他抓紧补习英文,并于1914年考入北大哲学系。

1918年从北大毕业后,陈中凡在北大附设的国史编纂处任纂辑员,同时兼任北京女子高等师范学校国文专修科教员。任职期间,他积极参与救国救民运动,加入蔡元培发起的进德会,并同邓中夏等人一起担任由学生救国会主办的反帝、反军阀倾向十分突出的《国民杂志》的编委。"五四"运动爆发后,陈中凡大力支持学生参加运动,因此一度遭到北京女高师的解聘。

陈中凡一向十分景仰人品高洁、学识渊博的爱国学者。1924年,正在东南大学任教的陈中凡应国立西北大学及陕西省教育厅合办的暑假学校的邀请,前去讲学。这次西北之行,最令陈中凡难忘的是得以与鲁迅等知名学者同行,一路上,鲁迅将割据军阀、扰乱世界的帝国主义斥为"苍蝇之声",令陈中凡印象极为深刻。

说到人品与才学并举,中凡先生与同是两江师范学堂毕业且共事多年的挚友胡小石的那段情真意切的友谊可为最好的佐证。1921年,陈中凡在北京女高师任职时,接到东南大学的聘书,思家心切的他决定由京返宁。为给同学们一个完满的交代,他考虑再三,决定向校长举荐为人正直、博学多才的挚友胡小石。这种效法古人、举贤惟能的做法一时间被传为美谈。此后,陈、胡二位先生曾因变更金陵大学旧制等事意见不一而渐生隔阂,以致一度音信隔绝二十余年。但解放后,二老共同就职于南京大学中文系,又终能以坦诚相见,互相扶携,共同为推动教学改革做出了相当的贡献。1962年,胡小石先生病逝,陈中凡十分悲痛惋惜,他追思往事,撰写了《悼念胡小石学长》一文,文中情感真挚动人,中凡先生重情坦诚的高洁人品于此可窥一斑。

(原载"国学网"——学人部　国学大师　2005/08/03;"建湖文史网—人物春秋—陈中凡研究"转载)

录自《建湖民族英雄传》

陈中凡传

陈中凡(1888—1982),原名钟凡,字觉圆,号斠(jiào)玄,别号少甫、觉元,居室题名为清晖山馆,时人敬称"盐城陈子"。出生于今建湖县上冈镇北七里庵一个书香门第,其父陈玉瑄(一作冠,字章甫)以教私塾为生,叔父陈玉澍为光绪戊子科举人。幼年即从叔父习经史,叔父为人正直,决不趋炎附势,平日自勉"不受一自辱之钱,不作一近耻之事",对陈中凡一生影响极大。光绪二十九年(1903),他就读于镇江承志中学,受进步教师叶仲清影响,在校参与反清活动并加入章炳麟发起的光复会。光绪三十年(1904)转读于淮安中学,宣统元年(1909)考入南京两江师范学堂,其间,他常至金陵刻经处听讲佛经,遂对中国哲学产生浓厚兴趣,次年(1910)肄业于南京两江师范学堂博物科。

辛亥革命爆发,陈中凡经两江师范学监汪律本介绍,毅然投笔从戎,至江浙联军任职,同时在沪江大学补习英文。不久,陈中凡考入北京大学文科哲学系,其间即屡有著述刊发。民国六年(1917),陈中凡北大毕业后,留校任预科补习班国文教员。后因文科学长陈独秀改革文科教学计划的推行,被调任北大国史编纂处纂辑员。"五四"运动前夕,在北大担任《国民杂志》编委,该杂志聘李大钊为指导(许德珩《纪念五四运动六十周年》),由学生救国会出版,积极宣传爱国、反帝、反军阀、反卖国贼。"五四"运动爆发期间,他因支持和激励学生投身爱国运动,一度被学校当局解职。

民国十年(1921)9月,陈中凡任东南大学国文系主任兼教授,侧重研究古文字,先后发表《从文字学上所见的初民之习性》、《中国文字学上之原始宗教考》、《文字学上之中国人种起源考》和《古代图绘文字之异同及其分合》等论文。所著《古书读校法》一书,全面介绍了古书的体裁、类别、读古书之旨趣以及读古书的方法等,提出钻研古籍当辨明九事,即"一曰别真伪,二曰识途径,三曰明诂训,四曰辨章句,五曰考故实,六曰通条理,七曰治经宜知家法,八曰治史应详察事实,九曰治诸子应知流别"。此书成为当时青年学生国学入门的重要读物。在此期间他因对"学衡派"盲目复古不满,还主编了《国学丛刊》,提倡用科学方法整理国故。

民国十三年(1924)7月,应陕西教育厅与国立西北大学邀请,与鲁迅等全国14位著名教授前去讲学。民国十四年(1925)至二十四年(1935)期间,陈中凡先后任广东大学文科学长兼教授、上海暨南大学中国语文系主任兼文学院院长,并兼课于大夏大学、广州中山大学、金陵女子大学文理学院。陈中凡不仅学识渊博,而且在当时就向学生介绍辩证唯物主义思想,在思想上对学生产生了很大的积极影响(吴贻芳《金女大四十年》,载《江苏文史资料选辑》第13辑)。陈中凡治学勤奋、著述颇丰,先后出版《诸子通谊》、《经学通论》、《书目举要补正》、《中国文学批评史》、《中国韵文通论》、《周秦文学》、《汉魏六朝文学》、《清晖山馆散文集》和《两宋思想述评》等著作,其中1927年出版的《中国文学批评史》为我国这一学科的开山之作,十年后郭绍虞《中国文学批评史》、朱东润《中国文学批评史大纲》才先后出版。

民国十八年(1929)至二十五年(1936),应盐城县长林立三所聘,与胡应庚(字启东,今盐都区鞍湖镇人,胡乔木之父)总纂《续修〈盐城县志〉》,计14

卷。陈中凡在该志序言中,批评前人之以方志为地理志、以方志为史书之说,以及志书重个人而轻社会的成例,倡言"方志为一方之志史,即记述一方人群之物质的及精神的生产活动之过程者也",并寄望于"若夫廓清旧日传统观念,纯依新史学所蕲向之鹄的,为有组织、有系统的记述,以完成群学时期之创作"。其时陈中凡教务甚繁,然对于全书之架构以及人物、艺文等关键所在亦多有论述。

在学术研究的同时,陈中凡始终心系国家与民族。民国二十年(1931)冬天,他写下《冬夜感怀》一诗,诗云:"山馆春迟夜漏长,惊传鼓角感兴亡。窥人赖有天涯月,点鬓频添塞上霜。才短宁容忘(一作亡,似误)国恤,居危枉笑富诗章。漫漫世宙何时旦?杳杳鸡声望八荒。"(1939年1月在重庆又写下《寒夜感怀》,诗云:"岁暮偏增夜漏长,惊心笳鼓感兴亡。拥衾愁对窥人月,揽镜频添点鬓霜。才短可能忘国恤?居贫翻笑富华章。漫漫世宙何时旦?远远鸡声望八荒。")既有感叹民族危亡,又有投笔从戎之心;既有抨击国民党政府黑暗,同时又对未来充满希望。1932年1月28日,十九路军在上海奋起抗敌,可是国民党当局却不肯全力支持,陈中凡当天写下《十九路军在沪抗敌,闻而壮之,终于茫然》两首七绝,其一曰:"万家观海诘波臣,海上何来暴客(一作额,似误)频?南国健儿争效死,不教风雨晦春申。"对十九路军英勇抗日、挽救民族危亡给予高度评价。其二曰:"众擎撑天愿岂虚,敢从碧海掣鲸鱼。终输神算安全策,却敌惟凭纵约书!"对国民党政府不敢全力抗敌,幻想依靠国联,予以无情嘲讽。

抗日战争全面爆发前夕,金陵女子大学始迁武昌,再迁至成都,陈中凡毅然随校前往,任中文系主任,并兼职于四川大学师范学院、朝阳法学院。抗战期间,陈中凡积极参加中华全国文艺界抗敌协会等抗日文艺团体,投身抗日宣传,写诗著文斥责日寇侵略中国的无耻行径,讴歌中华民族奋起抗敌的英勇行为。与此同时,陈中凡对国民党反动派的卖国投降和反共政策,予以无情揭露,并大胆进行口诛笔伐,坚决支持当时的民主运动。1945年5月,在成都各界纪念"五四"大会上,与叶圣陶等著名人士一道仗义执言,公开抨击国民党特务统治,号召青年发扬"五四"精神,为抗日救国而斗争。陈中凡对国民党实行独裁统治的本质,有着非常清醒的认识。抗战胜利后,他积极支持学生爱国运动,揭露国民党政府和谈骗局。他拒绝反动当局多次拉拢,坚决不与腐恶势力同流合污,反复严正声明:"不做官,不入党,不接受任何人的津贴,以读书、著书、教书为终生志愿。"其间,编撰《民主与教育》、《中国民主运动史》、《中国民主思想发展史》,用自己的学术研究来思考中国打破独裁统治,建立民主自由新中国的途径。

陈中凡是位学者,同时也是一位"精神气度冥与古会"的诗人。其诗集《清晖吟稿》,以诗歌形式记录了1931年至1965年这三十多年间中国最为风云激荡的历史。对于抗战,《晴晖吟稿》的记述尤为详细。这一阶段的诗"苍凉沉郁,风骨自高"(苏雪林《清晖吟稿·序》),时人称誉曰"必与杜(杜甫)陆(陆游)并传"(曾克耑《清晖吟稿·序》)。事实上,《清晖吟稿》几乎就是一部抗战史诗,从1931年抗战军兴到1945年日本投降,其中每一个重大历史事件,陈中凡都有诗歌记录述怀。1937年7月,抗战全面爆发不久,陈中凡创作《闻二十九军抗敌,和容元胎韵》,其一曰:"赤手回天百劫余,会看碧海掣鲸鱼。横磨十万能平虏,却敌何庸纵约书!"其二曰:"嵯峨壮丽古名城,何物能兴草木兵?山岳震摇钦士气,忍教风雨晦春明。"抗战豪情更足,对抗战也更加充满必胜信念。在《题乡贤陆忠烈公遗像》诗中则写道:"飒爽纷乡陆秀夫,崖山高节照寰区。腥风血雨身宁碎,碧海青天志不渝。"表示决不做亡国奴的高尚民族气节。1938年10月,陈中凡写下《闻广州陷敌》一诗,诗云:"中原鼙(一作战)鼓正喧喧,百粤风涛复吐吞。秋(一作劫)火烧残陆贾墓,悲笳凄撼赵佗魂。苍苍蜃气迷羊石,㳽㳽潮声逼虎门。百万生灵齐喋血,绡巾聊与拭啼痕(一作铁轨从今贯南北,海陬到处拭啼痕)。"在《五十生日自述》中直抒抗日豪情:"古人五十知天命,壮志犹挥(一作怀)逐日戈!"与强贼不共戴天的气概,令人气血偾张,斗志昂扬。抗日战争胜利之时,陈中凡兴奋地写下《闻日寇败退》诗,诗云:"从来好胜愿终违,海滢惊传一弹飞。戎马八年随逝水,河山百战剩斜晖。盈廷金壬俦堪恃,极目汙莱胡不归?一轨同风成泡影,伯图梦里尚依稀。"对妄想吞并中国、称霸亚洲、瓜分世界的日寇予以无情的嘲讽,那种"喜欲狂"的心情跃然纸上,人们普遍认为这首诗可与杜甫的名篇《闻官军收河南河北》相媲美。而《金陵叟》,通过记叙1939年作者听到一位逃至重庆的南京老人的讲述,真实再现了南京大屠杀时的惨状,已经被学界认为是证明侵华日军南京大屠杀罪行的有力证据之一。此诗以亡国奴之痛,欲唤醒国人切勿"偷活人间世",诗人借金陵叟之口,劝告国人道:"谨贡所见闻,愿世知激励。万众得生存,共申山河誓。"《毛脉厚》一诗,通过一位平民义士毛脉厚奋勇杀敌、保家卫国的事迹,以此来振奋国民、激昂抗日,其诗末云:"四兆咸振奋,人人毛脉厚。倭寇试拭目,亿万毛脉厚!"陈中凡的诗歌基点即是关爱百姓,除了像《金陵叟》、《毛脉厚》等关注民族灾难中的人民,同时还关注战争中民众的苦难生活。《蜀农谣》(1939)通过对比的手法写出蜀地"谷贱伤农"与"苛捐杂税"、"劳役抽丁"之苦。作者痛恨社会不公,百姓劳苦,他写道:"耕者食不饱,饱者醉不醒。如此言建国,使我忧心萦!殷忧亦何益,苦语倩谁听?"《米珠叹》(1940)中对物价腾跃,民成饿殍的事实进行揭露,同时对当局残酷杀戮饥民,并诬为盗贼的行径表示极大的愤慨,对奸商囤积居奇、大发国难财的丑恶嘴脸予以无情抨击。在诗中叹道:"国以民为本,民以食为天,民苟尽饿殍,国将何托焉?"

建国初,陈中凡任金陵大学文学院院长兼教授。1952年院系调整后,他改任南京大学中文系教授,出版《汉魏六朝散文选》。治学上又开拓新的领域,对中国戏曲史专业进行研究与教学,出版《中国戏剧概要》(与钱南扬合著)等著作。新中国成立之时,陈中凡已年逾花甲,但他对共产党、新中国充满信心,遂改变初衷,经陈敏之介绍,加入中国民主同盟,参与政务。从此,他不但承担了繁重的教学任务,还积极参加党所领导的各项社会活动,历任全国政协委员、民主同盟中央委员、江苏省政协副主席、省人大代表、省民盟主任委员、省文史馆馆长等职。1982年7月22日(《塘河流韵》记为4月22日，误)在南京病逝,享年九十四岁。

按,关于陈中凡字号,周梦庄、姚柯夫《陈中凡先生传略》记为,原名钟凡,字斠玄,号觉元,别署觉玄,《盐城人物志》、《人物春秋——盐城当代知名人士录》所记与其一致。《建湖县志》所记较简,字斠玄,号觉元,字号总的与《盐城人物志》一致。而1998年版《盐城市志》则记为,原名钟凡,字觉圆,号斠玄,别号少甫、觉元,与前之所记甚异。周梦庄《我与陈中凡先生的交往》中录载1973年4月10日陈中凡先生给他的回信,其署名为"乡末学陈觉元",觉元当与觉圆相当,则不当为字,为号之说似乎更为确切。1942年12月出版的《清晖吟稿》中所载友人评点诗文,皆称其"斠玄先生"云云。

又按,关于被聘为《续修盐城县志》总纂,此事本无议处,《续修盐城县志》总纂署为胡应庚(字启东)、陈钟凡,其时陈先生南京教务甚繁,然于此志之理念取向、整体框架、体例所在等多所谋划商讨,并对人物、艺文等卷亦加论述。在该志序言中陈钟凡先生所述很客观,对胡应庚及分纂人员的辛劳充分肯定。其云:"民国肇造之十有八年,县长林君立三奉厅令重修县志,爰属胡君启东及凡分主撰述。凡以任教国学,南北栖迟,不获躬亲其役,遂由启东及分纂诸子共任艰巨,阅时五稔,聿观厥成。凡虽以邮筒往还,体例所关时有商榷,于人物、艺文亦加论述。"高郁哉《胡启东先生二三事》一文云:"北伐后,国民党执政倡议续修县志,县长林立山特聘先生(指胡启东,即胡应庚)担任主编,并函请一部分当时所谓名人负编纂之责,成立了专门机构。所请的编纂多是挂名,极少帮助,主要责任集中在先生一人身上。先生不辞辛劳,旁征索引,搜集资料,历时数年,卒底于成。"此说把林立山所聘总纂为胡应庚、陈中凡二人说成似乎只是胡应庚一人,对分纂人员的劳动亦否定太过,显为未参与过史志编纂者之言,或者则另有原因。武兆官《胡启东先生生平简介》云:"1929年,当时的盐城县县长林立山('山'当为'三')倡议续修《盐城县志》,聘请胡先生和陈钟凡教授担任总纂,陈教授当时在东南大学任教,实际责任几乎完全由胡先生担负。"此说或差强人意，因为毕竟是为胡先生立传，其他语焉不详亦可理解。周梦庄所撰胡启东传略，语未涉陈中凡总纂事，似有不备，而其《我与陈中凡先生的交往》一文中，则记云："民国十八年(1929)盐城县长丹阳林立三奉令重修盐城县志，聘请邑人胡启东、陈中凡两先生任总纂。修志局成立后，函聘地方人士作参订和采访的有百许人，我是其中之一。……中凡先生任教南京国学，有时往来南北游息无定，修志事不克躬亲。余由启东先生绍介，得以时通函札。"所述大致是事实，但"不克躬亲"，并非是未参与，余以为周梦庄与陈中凡时通函札，其中也不少当是有关续修之事吧。《盐城人物志·胡启东传》所言则有失偏颇，其云："1929年至1936年，胡启东主纂《续修盐城县志》十四卷。当时只有一名助手做抄写工作，全书都是他独立编纂的。"此传一出似乎即成定论，《建湖县志·陈中凡传》竟无片言提及陈中凡为《续修盐城县志》主纂之一，而《盐城市志》也记云，"胡总纂《续修盐城县志》14卷"，"人称《胡志》"，《盐城历史名人》所记亦与此同。问题在于如果再看陈中凡之序，似乎有盗名冒功之嫌，陈序为该志唯一之序言，此足见主修者及另一总纂胡应庚当时对其参与总纂之信赖，同时也是对其所作贡献之认可。据此即可断定高文、《盐城人物志》、《盐城市志》等有关记载之误，其源或自心疾，亦可理解。不过，我以为胡应庚所撰之《盐城续志校补序》，或启斯说。这篇序言作于1951年3月北京，斯序的背景是值得玩味的。此序言不及陈中凡总纂及其余分纂之点滴之功，而多有"私自覆视，瑕衅叠见"，"喜故剑之复返，益敝帚之自珍"之言，语似谦恭，而书已尽成囊中之物。至于后人由此更把此志说成其一己之力，亦不知先生知也不知，明也不明。余意，胡应庚本无此意，而后之好事者奉之过也。1993年出版的《盐城县志》则是折中的办法，在胡启东传中不提陈中凡参与《续修盐城县志》总纂，而在陈中凡传中则云："1929—1936年，陈中凡与胡应庚(胡启东)总纂《续修盐城县志》，计成书14卷。"并详述其序言对《续修盐城县志》的体例指导等。

又按，查锡奎《学渊望重的著名学者陈中凡》记云："1935年1月，陈中凡在中山大学任教时,得知自己的老师陈独秀被国民党关在南京老虎桥监狱,便不顾自身安危,特地从广州赶回南京探监。1937年8月陈独秀获释出狱时,陈中凡亲自去监狱把陈独秀接到南京自己的家中住了半个多月,然后送至四川江津。"亦有记载云,陈独秀出狱后,先住傅斯年家,后移住陈中凡家。其间,两人常赠诗唱和。陈中凡《呈家仲甫先生》(见《清晖吟稿》卷一)诗云:"荒荒人海里,聒耳几天民?侠骨霜筠健,豪情风雨频。人方厌狂士,世岂识清尘?且任鸾凤逝,高翔不可驯!"(仲甫,陈独秀的字,称家仲甫,是表示极其尊敬)对陈独秀的才华、品性、风采推崇备至。陈独秀回赠一首《和斠玄兄赠诗原韵》,诗云:"莫气薄大地,憔悴苦斯民。豺狼骋郊邑,兼之惩尘频。悠悠道途上,白发污红尘。沧溟何辽阔,龙性岂能驯。"(斠玄,陈中凡的号,称其兄是表示尊敬,实际陈独秀是陈中凡的老师。)

又按,1942年12月重庆独立出版社出版的《清晖吟稿》仅四卷,载有陈中凡1937年至1940年间的诗歌。1993年,南京档案工作者叶德兴在南京大学校门口的旧书摊上,购得陈中凡自印的《清晖吟稿》(上、下册),其中有陈中凡亲笔修改的手迹,内容分为待旦集、感旧集、纪行集、说诗八首、熙春集五个部类,200余首,起于1931年,迄于1965年。经陈中凡弟子、南京大学吴新雷教授考评,确认为陈中凡真迹。然是书是否正式出版无法查证。本传中陈中凡1931年、1945年所作的诗歌引自网载报道。

("建湖文史网—人物春秋—陈中凡研究"录自唐张新《建湖民族英雄传》,中国炎黄文化出版社2011年5月)

赵子云

"六不教授"陈中凡

今年(2012)是南京著名教育家、文史学者陈中凡先生逝世三十周年。陈中凡学识渊博,在哲学、文学、史学、艺术史等方面都有非凡的建树。他定居南京多年,曾执教于东南大学、金陵大学、金陵女子文理学院、南京大学,是过去在南京享有极高知名度的著名学者,在南京也留下了很多旧闻轶事。

蔡元培的"六不"信徒

陈中凡(1888—1982),原名钟凡,字觉元,江苏建湖人。他1909年考入南京两江师范学堂,因对哲学产生兴趣,于1914年考入北京大学哲学门,师从刘师培先生专攻十三经和先秦诸子之学。

在北大,陈中凡与同门冯友兰、孙本文等发起成立北大哲学会,以沟通中西文化,开启新知为宗旨。1921年9月,陈中凡来到南京,受聘为东南大学国文系系主任,转而钻研中国文学史和文学批评史。当时,东南大学有一些学者办了一个《学衡》杂志,张扬古文,非议新文化运动。陈中凡对其盲目复古的倾向大为不满,便主编了《国学丛刊》杂志,提倡用科学方法整理国学,与"学衡派"抗衡。

1926年,陈中凡应聘为金陵大学国学系教授兼系主任,他在汉口路自建一座二层楼房,并定居下来,直到1935年才举家迁至南阴阳营。

陈中凡在北大时,受校长蔡元培影响较大,蔡元培明确表示:"大学是研究学问、养成学者人格之地,不是取得做官资格的场所。"蔡元培在师生中发起组织进德会,奉行"六不"信条:即"不做官吏,不做议员,不嫖,不赌,不娶妾,不吸鸦片"。陈中凡是进德会的忠实成员。

在南京任教期间,陈中凡先生亦秉承这"六不"信条,他在处事上还有三条规定:不做官、不加入国民党、不纳妾。1927年,时任南京市市长的刘纪文请他出任市政府秘书长,就被他一口回绝,表现了一个正直的知识分子的觉悟。

1934年,时任江苏省主席的陈果夫想聘请陈中凡担任省教育厅厅长,陈中凡当即拒绝了这位省主席的"好意"。为扭转这一尴尬局面,陈果夫转而说:"陈先生的家乡盐城,学校很多,教育素称发达,这也是我们江苏省的光荣啊。"陈中凡冷冷一笑地回答:"我们盐城人在上海拉黄包车的也很多。"其意是说,盐城受苦受穷的人多,他们根本得不到受教育的机会,这是国民党江苏省政府教育厅不作为的结果。

和陈独秀的感人交往

陈中凡先生交游甚广,许多朋友都是学术界和文艺界的名流,如蔡元培、刘师培、陈独秀、梁启超、李大钊等人,从他们写给陈中凡的书札中,可以看出陈中凡与人交往的情义和品格。

1935年,陈独秀在上海被国民党当局逮捕后押解南京,关押在老虎桥监狱。陈中凡当时在广州任教。这一年寒假，他回南京探亲。到家后，他不惧国民党当局淫威，前去探监，师生二人畅叙别情。在陈中凡的要求下，陈独秀书写了宋末抗元志士谢枋得《北行》诗相赠。

抗战爆发前夕，陈独秀被保释出狱，当时已经回到南京任教的陈中凡对虎口余生的老师情深意笃，热情地把陈独秀和夫人潘兰珍女士接到自己家中住了半月有余。几年后，陈独秀病逝，陈中凡发表文章悼念他，还写了一首充满感情的诗《哭陈仲甫》。

陈中凡一生洁身自好，无私助人，无论是对师长、对朋友、对学生，他总是在别人最困窘、最无助的时候给予无私的帮助。其一生执教生涯中，帮助过许多家境贫寒的学生完成学业。词学大师唐圭璋教授幼年时父母双亡，家贫苦读，在东南大学求学之际，身为系主任的陈中凡，为解决唐圭璋在经济上的困境，特地安排他勤工俭学，并请他到自己家里做家教，使他免去后顾之忧而一心求学。

七十八岁时清唱《长生殿》

除了治学，陈中凡还有广泛的爱好。他一生最喜爱的是昆曲。陈中凡曾拜昆曲名家俞振飞等人为师学唱昆曲，他还喜欢和朋友学生一起演唱和研究昆曲。他对昆曲的挚爱，是因为1917年他在北大任教时，与同校讲授戏曲的曲学大师吴梅成为挚友，耳濡目染，从而对昆曲艺术产生了浓厚兴趣。

1922年，陈中凡应聘到东南大学担任国学系主任后，即将吴梅请来东大主讲戏曲课。他们的二度合作，开创了东南大学重视通俗文学的风气，培养了一批后来蜚声海内外的词曲专家(如唐圭璋、王季思、卢冀野等)。

由于吴梅的悉心指教，陈中凡的昆曲不仅唱得字正腔圆，而且还能自如地登台演出。1936年夏，他应南京工余联欢社之邀请，参加《贵妃醉酒》的演出，出演了风流皇帝李隆基，其娴熟的演技在南京士林传为佳话。直到1965

年,已经七十八岁的陈老还和其女弟子梁淑安在南京大学欢送毕业生的文艺晚会上,同台清唱《长生殿》,由其门生吴新雷吹笛伴奏,博得了满堂掌声。

人们常以道德文章来评价一位文人,陈中凡的文章自不必说,而他的道德,从他和其爱人的恩爱上就可充分体现出来。

陈中凡夫妇的结合是父母包办的。陈中凡大学毕业后任教于北京女子高等师范。老师和女学生们差不了几岁,但他一到"女高师",就将爱人王志英和子女接到北京安家,一生从无二心。定居南京后,陈中凡曾只身到上海、厦门、广州等地教学。时任广州大学校长邹鲁曾劝他娶个小老婆,但被他断然拒绝。王志英贤惠能干,承担着教育子女等一切责任。陈中凡除了治学,在待人处世上远不如其爱人。因此,除学术外,一切大小事他都要和王志英商量,并多会按妻子的意见办。

新中国成立以后,陈中凡先生曾担任南京大学教授、南京市文联副主席、江苏省政协副主席。1982年7月22日,陈中凡先生病逝,终年九十四岁。

("建湖文史网—人物春秋—陈中凡研究"2013/10/11转自《金陵晚报》)

二　研究篇

于 平[1]

陈中凡与鲁迅

1924年暑假,西北大学和陕西省教育厅举办暑期学校,聘请全国著名教师去讲学。鲁迅先生就是这一次到西安讲《中国小说之历史的变迁》的。其时,陈中凡任东南大学教授兼国文系主任,应西北大学暨暑期学校校长傅佩青和陕西省教育厅厅长马凌甫函聘,任暑期学校国学讲席,也去西安讲学。他讲学的题目有三:(一)中学国文教学法;(二)中国文字演进之顺序;(三)读古书的途径。他从7月6日乘火车北上,至14日才到达西安;8月25日回到南京。陈中凡先生西安之行共四十九天,曾写有《陕西纪游》一文,刊于1924年10月21日《西北大学周刊》。他在纪游序言中说"游踪所及,举凡太华终南之奇,河渭伊洛之广,函谷潼关之险峻,曩昔所向往者,莫不登临,一揽其胜,信足名平生之赏矣"。

陈中凡是1924年7月9日晚见到鲁迅先生的。《鲁迅日记》1924年7月

---

[1] 作者原为南京师范大学《文教资料》编辑部主任。

9日记:"夜抵陕州,张星南来迎,宿耀武大旅馆。"陈中凡《陕西纪游》9日记:"晚九时,北京天津讲师七人至。"这里讲师七人,包括王桐龄(北京师大教授)、李济之(南开大学教授)、夏元瑮(北京大学理科学长)、蒋廷黻(南开大学教授)、孙伏园(北京大学)和鲁迅(北京大学教授)等人。张辛南(鲁迅写作"星南",系同声而误),本名张毓桂,时任西北大学英文讲师,兼任陕西省长公署秘书,是负责接待工作的。

鲁迅与陈中凡见面,在他们的日记中都未记载。但比照对读他们各自日记,就会发现他们对旅途生活的细节记载互有详略,可以相互印证,相互补充。

如1924年7月10日,鲁迅记:"晨登舟发陕州,沿河向陕西。下午雨。夜泊灵宝。"陈中凡记:"晨七时,乘民船沿黄河西行,两岸乱山嶙峋,浊流汹涌,倚舷湿足,凉爽沁心。晚七时宿灵宝,暴风大作。"

1924年7月11日,鲁迅记:"晨发灵宝。上午遇大雨,逆风,舟不易进,夜仍泊灵宝附近。"陈中凡记:"是日阻风,只行三十里。晚狂飙大作,船身摇荡,榜人裸体入水,与逆风相搏,二时始脱险。"

1924年7月12日,鲁迅记:"晨发舟,仍逆风,雇四人牵船以进。夜泊阌乡。"陈中凡记:"晨,发达子营,西风阻舟,行驶极缓。五时抵阌乡……"

1924年7月13日,鲁迅记:"下午抵潼关,夜宿自动车站。"陈中凡记:"晚六时抵潼关,憨玉昆师长派骡车来迓,入城,住汽车公司。"

1924年7月14日,鲁迅记:"晨发潼关,用自动车。午后抵临潼,游华清宫故址,并就温泉浴。营长赵清海招午饭。下午抵西安,寓西北大学教员宿舍。"陈中凡记:"晨七时,乘汽车西行,土路崎岖,车行颠顿,头晕至不能支。……予等就浴内池,深甫及腹,温度适宜,浣濯逾时,沿途缁尘,为之净尽。……一时进东关,由东大街达西北大学……"

由此可见,陈中凡是和鲁迅一道到达西安的。

1976年第2期《西北大学学报》,曾刊有陈中凡《鲁迅到西北大学的片断》一文。这是很难得的一篇回忆文字。

鲁迅看到当时陕州苍蝇极多,说:"《毛诗·齐风》所咏'匪鸡则鸣,苍蝇之声',于今朝验之已。"

鲁迅听夏元瑮讲吴佩孚的愚昧的笑话,鲁迅嘲笑吴佩孚说:"这也是苍蝇之声耳。"

鲁迅还对刘清波(东南大学教授,与陈中凡先生一道去西安讲学的)说:帝国主义"其扰乱世界,比苍蝇更甚千百倍"。

鲁迅说:"……将来新中国自有新环境,当然把一切害人虫,一扫精光。"

这些,都是陈先生亲耳听鲁迅说的,是陈老1976年7月17日回忆的。这恐怕是陈老生前最后一篇回忆鲁迅的文字了。

(原载《文教资料》南京师范大学,1985年第1期)

吴新雷[①]

陈中凡先生学行记盛

一

南京大学中文系教授陈中凡先生(1888—1982),原名钟凡,字觉元,号斠玄,室名清晖山馆,清光绪十四年生于江苏盐城县上冈镇七里庵乡(今属建湖县)。他出自书香门第,祖父松岩,精研《诗经》,著有《诗说》二卷;父玉冠,为塾师;叔父玉澍,任盐城尚志书院山长。他幼年随叔父读经,历时五年,打下了扎实的国学基础。光绪二十九年(1903)进镇江承志学校,参加章太炎的光复会。宣统元年(1909)考入南京两江师范学堂(今南京大学之前身),课余常到金陵刻经处听讲佛学,遂引起对哲学的兴趣。1911年10月辛亥革命爆发,毅然投笔从军,入江浙联军任书记官。民国三年(1914)考入北京大学哲

[①] 作者为南京大学文学院教授。

学门,接受蔡元培、陈独秀和李大钊的思想影响,敏于谋新;并与同门冯友兰、孙本文等发起成立"北大哲学会",以沟通中西、开启新知为宗旨。

1917年夏,陈先生在北大毕业,受校长蔡元培之聘,留校任预科补习班国文教员。1918年2月,改任附设于北大之国史编纂处纂辑员。同年秋,受聘至北京女子高等师范学校,主持国文专修科的工作,即按照蔡元培"兼容并包"的办学方针,延请北大传统学派刘师培、黄侃和新派李大钊、胡适、周作人等到"女高师"兼课。1919年"五四"运动期间,因积极鼓励并支持女生参加爱国运动而被校方解聘。后校长易人,经新校长毛邦伟聘请,重返"女高师",任国文部主任,培养出苏雪林、冯沅君等杰出人才。

1921年9月,南京东南大学创办国文系,陈先生受聘为首届系主任和教授,所著《经学通论》和《诸子书目》即由东南大学出版科出版。另有《古书读校法》和《诸子通谊》均列为《东南大学丛书》,由商务印书馆相继印行。当时东南大学有些学者办了《学衡》杂志,张扬古文,非议新文化运动。陈先生对其盲目复古的倾向大为不满,便主编了《国学丛刊》杂志,提倡用科学方法整理国故,与"学衡派"相抗衡。1924年7月,陈先生应陕西省教育厅及西北大学的邀请,与鲁迅、李济、蒋廷黻等14人赴西安暑期学校讲学。陈先生讲了"中学国文教学法"、"中国文字演进之顺序"和"读古书的途径"三个题目;曾写了一篇回忆录,题为《鲁迅到西北大学的片断》。1924年12月,陈先生到广州任广东大学文科学长。1926年2月,任教于金陵大学国文系,并在东吴大学兼课。1928年到上海,任暨南大学中文系主任,次年任文学院院长,1930年兼课于大夏大学。1934年又去广州,任中山大学中文系教授。1935年任金陵女子文理学院中文系教授,1937年抗战爆发,随校迁成都,任中文系主任,与马哲民、沈志远等主办《大学月刊》,宣传抗日救国;胜利后,随校返回南京。解放初,任金陵大学文学院院长。1952年院系调整,转入南京大学,任中文系一级教授。

陈先生一生经历了我国旧民主主义革命、新民主主义革命和社会主义革命三个历史时期。新中国成立后,他意气风发,积极学习马列主义和毛泽东思想,真诚拥护共产党的领导,忠诚于党的教育事业。他热忱地参加党所领导的各项政治活动和社会活动,曾任全国政协委员、民盟中央委员、江苏省政协副主席、民盟江苏省主任委员、江苏省文史馆代馆长、江苏省民间文学工作者协会名誉主席等重要职务,为社会主义建设做出了新贡献。

二

陈先生是一位思想不断趋新,具有现代社会科学通识的学者。他学殖深厚,善于做开创性和探索性的研究工作,早在1927年就写出了我国第一部《中国文学批评史》,由中华书局出版,蜚声宇内。此书分十二章,首论文学批评之意义及派别,然后就周秦至明清历代文论条分缕析,提出一系列新见解。受此影响,罗根泽、郭绍虞、朱东润、方孝岳、傅庚生诸家的文学批评史也接踵而出。

陈先生学识渊博,涉猎的范围很广,举凡哲学、史学、文学、文字学、教育学、思想史、艺术史等,都有引人注目的著作。他对甲骨文也曾进行过钻研,如1923年在《国学丛刊》上发表了《从文字学上所见的初民之习性》、《中国文字学上之原始宗教考》、《文字学上之中国人种起源考》、《古代图绘文字之异同及其分合》等系列论文。在红学方面,如《文讯》1948年4月号发表了他的《红楼梦试论》。在教育学方面,他早年曾留意于教育史的编纂,先后发表了《学术思潮与教育主义之改进》、《中国古代大学教育的教学方案》等论文;1930年6月曾东渡日本考察,回国后发表了《日本教育视察记》;1945年8月,又出版《民主与教育》专著。在艺术学方面,他对音乐美术颇具识见,发表了《中国音乐科学化》、《〈中国音乐文学史〉叙言》、《中国绘画科学化》、《中国人物画之起源及其演变》、《文人画之源流及其评论》、《清晖山馆读画记》和《中国近二十年来之新生画派》等论文,并拟具了《研究中国艺术史计划》。

他为蔡尚思教授的《中国思想研究法》写了序言,商议合著《中国思想史通论》,承担了艺术思想和宗教思想两部分的撰著任务。他研究思想史的重要成果之一,是1933年由商务印书馆出版的《两宋思想述评》,全书共计十六章,先就两宋思潮中儒、道、佛三家之复起作了深层的分析,并考述"远西宗教之东渐,为东西文化接触之初步,关系于两方学术者实非浅鲜";指出景教、祆教、摩尼教、天方教(回回教)对宋代张载、邵雍的学说都有影响;"其势力虽不足与释道两宗相提并论,然言宋代思想者,亦不可忽视",这可说是他的创见。书中对宋代理学濂(周)、洛(程)、关(张)、闽(朱)四大派的哲学思想进行了深入浅出的阐释,并对南宋陆九渊的惟理学说及陈亮、叶适异军突起的功利学派作出了新的评价,学术水平很高。1996年东方出版社编《民国学术经典文库》时,已将此书与胡适《中国哲学史大纲》、梁启超《清代学术概论》等十一种专著一起辑入"思想史类丛"重印,足见学术界对他的重视。

此外,陈先生出版的专著还有《中国韵文通论》(中华书局,1927年)、《汉魏六朝文学》(商务印书馆,1929年)、《中国民主运动史》(成都大学印书局,1945年)、《中国民主思想发展史》(成都大学印书局,1946年)、《汉魏六朝散文选》(上海古典文学出版社,1956年)、《清晖集》(诗文作品,书目文献出版社,1987年)及《陈中凡论文集》(上海古籍出版社,1993年)。《中国韵文通论》涵盖诗、词、曲、赋四大类,内分"诗经略论"、"论楚辞"、"诗骚之比较"、"论汉魏六代赋"、"论乐府诗"、"论汉魏迄隋唐古诗"、"论唐人近体诗"、"论唐五代及两宋词"、"论金元以来南北曲"等九章,其中论散曲、剧曲包括北曲杂剧、南曲戏文和明清传奇,于曲体粲然大备,在当时是一部具有创意的专著。所以1989年上海书店出版社辑集《民国丛书》时,特将此书收入第一编予以重印,可见其学术价值得到了时人的公认。

三

陈先生治学的特点是不断创新，他能紧跟时代的步伐努力前进，勇于开辟自己独立向学的途径。陈先生进北大之初，师承刘师培专攻经史。仪征刘氏三世传经（师培之祖先自刘文淇、刘毓崧至刘寿曾，三世皆为著名经学家，至师培已属四世传经），海内推为巨擘。他从之受业，得其精义，撰著了《经学通论》，并写出了《刘先生行述》《刘申叔先生遗书》卷首）。然而，他没有钻在故纸堆中固步自封。1919 年，他在北京参与"五四"新文化运动，追随蔡元培、陈独秀，宣传"科学与民主"。1927 年大革命以后到三十年代初，他在上海接受"左联"的影响，转向"普罗文学"。在抗日烽火燃遍祖国大地的岁月中，他历经艰险跋涉到重庆、成都，参加了"中华全国文艺界抗敌协会"，创作诗歌声讨日本侵略者，为抗日救亡而奔走。其《清晖吟稿·待旦集》中的诗作，充分表现了他的爱国主义精神，如五言古体《金陵叟》，便是对日寇暴行"南京大屠杀"的揭露和控诉。

解放后，陈先生积极拥护党的文艺方针，遵循文学的工农兵方向。1949 年 6 月，他接获"中华全国文学艺术工作者代表大会"筹委会主任郭沫若，副主任茅盾、周扬的联名函邀，赴京出席了第一次"文代大会"，当选为大会主席团成员。为了贯彻文代会的新精神，他回南京后便从事民间文学和通俗文学的研习，担任了南京市文联副主席。

在南京大学中文系执教期间，陈先生改变了过去研讨先秦诸子哲学和汉魏六朝文史的学术路数，另辟蹊径，转而主讲宋元明清的俗文学。这是他治学道路的一大转折，是一种新的开拓。他一边教学，一边著述，发表了一批有关小说戏曲的论文，如《试论水浒传的著者及其创作时代》、《〈红楼梦〉作者曹雪芹的世界观和创作方法》、《论纪君祥的〈赵氏孤儿〉杂剧》等。

从 1956 年开始，因为受到《十五贯》救活昆剧的鼓舞，陈先生便决定开讲

《中国戏剧史》课程,并着手培养戏曲史专业的研究生。他的指导方针是理论与实践相结合,坚持昆曲是必修科目。他对昆曲的挚爱,源于1917年在北大时与曲学大师吴梅的订交。当他到东南大学担任国文系主任后,便将吴梅请来南京主讲戏曲史。吴梅把昆曲艺术带进了课堂,要求学生知音识谱,能唱能演。陈先生十分赞赏这种教学方式,所以1931年他在暨南大学任文学院院长时,又特聘昆曲家俞振飞到校开设昆曲课。1956年4月,浙昆到北京演出昆剧《十五贯》,产生了"一出戏救活了一个剧种"的轰动效应。陈先生欣喜之余,便力主在南大恢复吴梅的优良传统,决定延请老曲师来为研究生开设昆曲课。他认识到戏曲是综合艺术,只有懂得它的音律声腔,掌握剧种的特点,才能深入探究。这是他一贯的教学主张。但到1958年秋开展教育革命大辩论时,有人造了昆曲课的反,并且贴了陈先生的许多大字报,批评他不该把昆曲引到课堂里来,说是咿咿呀呀、吹吹唱唱不像样,辱没了最高学府的名声。这一年,他已是年逾七十的古稀老人,但他看了大字报后并没有生气,反而邀请张贴大字报的同志叙谈,耐心地做了解释。他语重心长地说:

在封建社会里,戏曲是被人瞧不起的,是不登大雅之堂的,直到辛亥革命以后,大学里仍旧只准讲正统文学的诗文。陈独秀到北京大学担任文科学长后,第一桩事就是改革文科,在国文系增设词、曲、小说三门新课,特聘吴梅担任词曲教习。这是我国大学里第一次有戏曲课,可以说是一次教育革命,当时曾遭到正统派古文先生的反对。1922年秋,我把吴梅先生从北大拉到南京,在本校终身主讲词曲,培养了一批词曲专家,彻底打破了过去以词曲为小道的旧观念。今天的青年,绝不能倒退到"五四"运动以前,用封建意识或虚无主义的态度来对待民族戏曲!

陈先生的一席话,显出了老教育家的胆识和真知灼见。他和反对派沟通了思想认识,消除了存在的隔阂和误会。由于他的坚持,南大中文系的昆曲课没有断掉,先后培养出一批曲学人才。如吴新雷、王永健、姚柯夫、董健、梁淑安等,都是通过昆曲课陶冶出来的研究中国戏剧史的接班人。

陈先生的创新精神,表现在善于贯彻党的戏改方针和古为今用的原则,善于吸收新观点和新方法来研究新课题。他指出,搞戏曲史的人必须结合实际,面向社会,绝对不能关在象牙之塔里闭门造车。他经常带了研究生去观摩各个剧种的演出,从传统戏到现代戏,写出鼓励推陈出新的剧评。他曾撰写《"十二寡妇征西"、"百岁挂帅"和"杨门女将"——从"杨家将"故事的改编谈处理戏曲遗产问题》、《看越剧"碧玉簪"的演出》、《谈越剧改编"桃花扇"的新成就》和《对传统戏曲推陈出新之我见》,发表在《江苏戏曲》及《光明日报》上。他还亲自改编了昆剧《西施浣纱记》,以此作为活教材给研究生上课。

陈先生对戏曲史的研究弥具盛心。他笔耕不辍,先后在《戏剧论丛》、《江海学刊》、《文学评论》和《南京大学学报》上发表的学术论文有:《关汉卿杂剧中现实主义与浪漫主义相结合的范例》、《谈谈关汉卿部分剧作中的人物塑造》、《南戏怎样改编关汉卿的〈拜月亭〉》、《关于〈西厢记〉的创作时代及其作者》、《再谈〈西厢记〉的作者问题》、《从历史素材到〈赵氏孤儿〉杂剧》、《高明〈琵琶记〉评价的商榷》、《汤显祖〈牡丹亭〉简论》和《〈牡丹亭〉的反封建主题》等二十多篇,在戏剧界获得一致好评。

四

在纪念陈中凡先生一百周年诞辰的时候,复旦大学蔡尚思教授写了《中凡真不凡》的纪念文章。蔡文说:"陈中凡先生的一生,是不平凡的一生。综观其学术思想上最不平凡之处,主要有五点:博通、专长、勇于争鸣、广交新旧师友、思想进步。"关于"广交新旧朋友"这一点,现有《清晖山馆友声集》《陈中凡友朋书札》)为证。

陈先生交游广阔,胜友如云,家中曾留下各界师友及弟子的书信墨宝五百五十多件,检视这些翰墨的作者,有学术界和文艺界的名流陈衍(石遗)、唐文治、蔡元培、陈独秀、梁启超、胡朴安、叶恭绰、许寿裳、刘师培、黄侃(季刚)、吴梅、李达、马叙伦、杨树达、周作人、徐志摩、钱基博、顾颉刚、刘三(季平)、孙伏园、冯友兰、罗常培、苏雪林、冯沅君、任中敏、唐圭璋、龙沐勋(榆生)、詹安泰、商承祚、姜亮夫、吴组缃、姚雪垠、黄宾虹、吕凤子、梁公约、路朝銮、陆维钊、高二适、陆俨少、黎雄才、关山月等一百多人。他们写给陈先生的书札,不仅具有重要的文史和艺术价值,而且从中反映了陈先生与新旧学人交往的情义和品格。

在《清晖山馆友声集》中,可以看到1919年秋后北大教授刘师培写给陈先生的一张便笺。当时刘氏肺病日趋严重,而北洋政府欠薪不发,致使刘氏生计困顿,连医药费也无从措办。幸得陈先生伸出援手,借钱贷款,始得勉渡难关。刘氏的便笺是这样写的:

前蒙借款,感谢之至。兹因各薪未发,药费不给,陶款务祈设法代措,以救目前眉急,无以纫感。此请,斠玄兄著安!师培拜启。

在贫病交迫的情况下,刘氏延至11月20日逝世,陈先生又出资料理善后事宜。为此,刘氏在江苏仪征的叔父刘富曾特地发来专函鸣谢:

斠玄仁兄大鉴:久仰清标,未亲雅教。燕云遥企,梦寐为劳。……前以舍侄申叔疾终京寓,渥承照料一切。其后,舍侄妇神经暴发,重荷鼎力维持,俾死者得正首邱,生者得归故里。缅怀高义,腑肺铭之。……

这见出陈先生对业师刘师培十分尊重,生前身后,都尽心维护。师生之情,诚挚感人。

再看陈独秀写给陈先生的手书,那是1935年1月,陈先生在中山大学任教时,获悉自己的老师陈独秀被国民党反动政府关在南京老虎桥监狱,便从广州回南京探监,陈独秀因此写了谢枋得《北行》诗"南八男儿终不屈"一首给他,题记说:

斠玄同学远道来视,并出纸索书以为纪念。方读《叠山集》,录其《北行》一首以奉。独秀书于金陵。

1937年8月,陈先生接陈独秀出狱,迎到家中住了半个月。抗战期间,陈独秀移居四川江津,陈先生在成都,彼此仍互通音问。师生之间,情长谊深。

陈先生执教南北各校,门墙桃李,称盛于时。他和学生们打成一片,关系十分亲密。在成都时,苏雪林来信中有言:"吾师于林等爱护之情,有逾慈父,林亦以仰恃师之宽容,故不以寻常弟子之礼自律,且不免流于放纵如娇子焉!"还有东南大学的弟子唐圭璋(现代词学大家),陈先生待之亲如兄弟。唐圭璋小时候父母双亡,家贫苦读,在东大求学期间,陈先生是系主任,画家梁公约来信说:"唐君圭璋,即在贵校肄业。此君孤露,志学甚坚。可否乞公设法,使每日写讲义二、三张,为补助学费计,千万注意为祷!"陈先生即予安排勤工俭学,并请唐圭璋到自己家里做家教,在经济上予以资助。当时唐圭璋师从吴梅治词曲,兼擅吹笛,陈先生也跟吴梅学唱昆曲。抗战军兴,陈先生和唐圭璋一起流寓成都。唐圭璋有暇时常从郊区住地到金大广益学舍为陈师吹笛伴唱。有一次曾预先致书陈师说:

下周星期三,生拟来蓉盘桓,约四时左右,当偕东大同学郑家俊兄同趋前一谈,惟不知届时彼有课与否耳?彼工京戏,吹笛亦佳,惟曲则生教之,仅能吹《游园》、《学堂》、《琴挑》三出,生自脑疼以后,并箫亦不敢多吹。闻路先生精于度曲,可否请吾师介谒请益?

可见唐圭璋因头疼不能伴奏时,还另外替陈师找来一位吹笛的同学。当时华西协合大学、金大、金女院、燕京大学、齐鲁大学和各地旅蓉的昆曲爱好者联合创办了"成都曲社"(业余组织),社友路朝銮(解放后曾任上海文史馆馆长)唱得最好,唐圭璋便通过陈师的介绍向路氏请教唱法。真是杏坛弦歌,不绝如缕。陈、唐相伴唱曲的雅趣逸事,至今犹传为美谈。

由于陈先生常有机会主持大学的教育行政工作,或为主任,或为院长,所以师友的来信,大都是有关教学和举荐人才的内容。如1919年冬蔡元培的来信写道:

斠玄吾兄大鉴:承属到女子高等师范学校国文部演讲,已定于本月十七日午后三时,演题拟用《国文之将来》,先此奉告。并请著安!弟元培敬启,十一月七日。

1920年,陈先生聘请周作人在"女高师"兼课,周氏有信云:

斠玄先生:日前承枉访,甚感,因病失迎为歉。弟患肋膜炎经两月之久,目下虽已可以起坐,但尚不能出外。国文二年级之功课,只得再续假两星期。本学期上能否到校,现在还不能知道。将来所缺功课,拟在下学期中补教,但又恐来不及,或者只能随时定之,容愈后与先生面谈酌定。三月四日,弟周作人。

1927年(民国十六年)陈先生在金陵大学时,梁启超写来荐才的信说:

斠玄先生吾兄惠鉴:白下执别,瞬逾三秋。采葛之思,云胡可任。比想撰述益富,教泽益弘;翘首南云,岂胜驰仰!专启者,门人程仰之(憬)毕业北大后(本胡适之高足弟子),在清华研究院复以最优成绩毕业;秋间就厦门大学之聘,因彼中缺乏图书,不能完成其所欲著之书,极思易地,且教且学,以期大成。先生在金大主持国学,计当乐求友助,倘能罗致门下,加以裁成,不独程君之幸,弟亦与有荣施也。干戈满地,吾曹弦诵未知所寄;但风雨鸡鸣,虽一息亦不空己!想先生正同此怀抱耶!匆匆奉候,诸惟为道自摄,不尽。梁启超顿首,十六年一月三日。

此类书信还有蔡元培推荐蔡尚思、吴梅推荐王季思、陈石遗推荐龙榆生等函件,反映了陈先生作为教育家而广纳贤才的盛事。

1931年陈先生在上海暨南大学时,跟诗人徐志摩常有往来。徐志摩曾组织"笔会中国分会",理事长是蔡元培,胡适、志摩等为理事;陈先生也参与"笔会"活动,并敦聘志摩为暨大教授,亲自到志摩家送去聘书。但因志摩已答应胡适之约去北大,所以便来信辞谢说:

斠玄先生:今午笔会亦在华安聚餐,登楼稍迟,公等已行,至憾!前日承一再惠驾,情意甚厚。但连日适之、梦麟叠函不足,继之以电。言无论如何,定须弟即日北去面谈一是。盖适之所主政之编译事,遽须相与商榷,至弟能否即此移家北行,尚是悬题。但审度情形,弟南留份数甚匙[鲜]。贵校一席,虽承雅意,至惧无以应命。好在南方贤才如林,本不须弟之滥竽自愧也。希便转言韶觉校长先生道歉。聘书容即检还。专此,敬念教安!——诸同仁均念。弟徐志摩拜手,二月八日(一九三一年)。

这封信对于研究徐志摩最终一年的心路历程具有重要的参考价值,信中说"能否即此移家北行,尚是悬题",是其爱妻陆小曼有留沪不愿北去的家庭纠葛。而当年11月19日,徐志摩因北行飞机失事而遇难,陈先生参加了沪上文艺界举行的追悼会,并发了哀辞。

陈先生在暨大期间,还聘请了许德珩、李达、邓初民等一批进步人士,为

学生开讲唯物主义学说。李达(中共"一大"代表,解放后任武汉大学校长)受聘后的回信说:

> 斠玄我兄如见:两奉手教,备悉一切。吾兄笃念旧交,不遗在远,古道照人,至深铭感。……承询社会学派别一层,谨就管见略言之:社会学为后起之科学,其创立虽将近百年,而其科学的基础之奠定,实为最近之事。从前划分派别之意见,固有所谓物理学派、心理学派、生物学派、文化学派、经济学派等名称,但其划分之标准漫无一定。弟以为社会学派只有唯心、唯物两种。旧派所研究者大都属于唯心派,新派所研究者大都属于唯物派,两者互不相容,实为新旧思想冲突之表现。如欲冶两派为一炉,则为必不可能之事。……

上述这些信札是陈先生秘藏的墨宝,内中反映了他结交新旧学人、探究新旧学派的学行轨迹。《清晖山馆友声集》过去没有公布,姚柯夫编《陈中凡年谱》(书目文献出版社1989年出版)略有摘引。现经整理,辑得有史料、书艺价值的一百九十一家二百件,由江苏古籍出版社影印出版,这是对陈先生最有意义的纪念。

1999年2月

(写于南京大学中文系戏剧影视研究所)

吴新雷

陈中凡与陈独秀

1917年1月,蔡元培就任北京大学校长后,决定聘请《新青年》主编陈独秀担任文科学长,消息传来,使北大的青年学生大为振奋。春季开学后,陈独秀在校刊上登载了文科改革计划,把各科改为各学院,各"学门"改称"学系",国文系于散文、诗歌以外,增设词曲和小说课程,哲学系于中国哲学、西洋哲学以外,又增设社会学和教育学等课程。这一系列革新的措施,使哲学系的学生陈中凡大受鼓舞,便与同学们相约,到"学长室"去拜会陈独秀老师,他们见到陈学长风慨豪宕,精神饱满。当时陈独秀在《新青年》二卷六号上发表了《文学革命论》,"甘冒全国学究之敌,高张文学革命运动之大旗",推倒陈腐的、雕琢的、艰涩的旧文学,建设写实的、通俗的、抒情的新文学,其论比胡适的《文学改良刍议》更为彻底激烈,遭到了国文系笃旧学人的极力反对。而陈中凡为好奇心所驱使,不仅通读了《新青年》,还专好聆听独秀先生的演讲,赞赏文学革命之说。

作为陈独秀的学生,陈中凡有何来历呢?

陈中凡来自江苏盐城县七里庵乡（今属建湖县），他原名钟凡，字觉元，号斠玄，生于清光绪十四年（1888）。他出自书香门第，祖父松岩，精研《诗经》，著有《诗说》二卷；父玉冠，为塾师；叔父玉澍，任盐城尚志书院山长。他幼年随叔父读经，历时五年，打下了扎实的国学基础。光绪二十九年（1903），进镇江承志学校，参加章太炎的光复会。宣统元年（1909），考入两江师范学堂（今南京大学之前身），周末常到金陵刻经处听杨仁山讲佛学，从此引起了对哲学的兴趣。1911年10月，辛亥革命爆发，他毅然投笔从军，入江浙联军任书记官。民国三年（1914）秋，考入北京大学哲学门，师从刘师培专攻经史。仪征刘氏三世传经（师培之曾祖刘文淇、祖父刘毓崧、伯父刘寿曾皆为著名经学家），海内推为巨擘。他从之受业，得其精义，撰著了《经学通论》。但他没有钻在故纸堆中固步自封，当陈独秀于1917年春来北大任文科学长后，他便去谒见，接受了新思潮的熏陶。他认识到陈独秀在《新青年》中所提倡的，不仅是反对孔教，反对旧伦理，而且提倡民主政治，倡导科学方法。由于蔡元培校长推行兼收并蓄、讲学自由的办学方针；校内百花齐放，并无宗派门户的分别；一般研究国故的，都奉刘师培为领袖，但陈独秀与刘师培不是对立的，两人私交甚好，背后也互相尊重，绝无闲言碎语。所以陈中凡来往于新旧师长之间，丝毫没有隔阂之感，却因此而博采众长，形成了自己的学术特色。

1917年夏，陈中凡和十多位同学毕业，共同宴请校长、学长及各位教授，陈独秀跟蔡校长都来了，聚餐时讲了一些祝贺的话。蔡校长决定陈中凡毕业后留校，担任文科预科补习班的国文教员，同时进研究所做研究生。因此，陈中凡仍能追随在蔡校长和陈学长之后，继续得受教益。

1919年5月，"五四"运动爆发。陈中凡时任北京女高师国文专修科教员，因受陈独秀《新青年》宣扬科学与民主的思想影响，激励女生投入爱国运动的洪流，参加了游行请愿。这年11月20日，刘师培病逝，陈独秀与陈中凡等共同料理其丧事，灵柩权厝于前门外寺庙内，大家步行送柩前往，陈中凡和陈独秀走在一起，谈及北大国文系刘师培逝世后的人选问题，陈独秀说："预科教授沈尹默、马裕藻诸君可以升任。"又谈到预科的继任人怎么办？独秀问中凡是否有意接任，中凡回答说："我已答应女高师担任国文部主任之聘，已无暇旁骛。"说到最后，独秀忽然叹息道："我改组文科的计划已经实现，我要离开北大了！"①

1920年春，陈独秀果然辞去北大文科学长之职，从此专心从事社会运动。先是倡办工读互助团，集合各校穷苦学生组织公共食堂、洗衣作等，以劳动所得供作学费。有一个阶段，陈独秀曾通过陈中凡借用女高师礼堂放电影，在放映之间插入标语口号，宣传五大自由（言论自由、出版自由、集合自由、住居自由、恋爱自由），因遭到北洋政府教育部的禁令而中止。1920年12月17日，陈独秀到广州参加了孙中山先生领导的南方政府，当时广东省省长陈炯明委任他为广东省教育委员会委员长。他着手筹建西南大学，借此宣传社会主义学说；又与上海、武汉、广州、北京的同志多方联络，于1921年7月创建了中国共产党。此后十多年，陈中凡与陈独秀没有联系，未通音问。

1935年1月，陈中凡在广州任中山大学中文系教授，从报上获悉陈独秀第四次被捕后关押在江宁地方法院看守所，即趁寒假回南京家中的机会，到监狱中探望独秀先生，见到狱中书架上有文史类图书数百册，知其正在写作《实庵字说》，寄《东方杂志》分期连载。这次师生畅叙别情，陈中凡要求留下墨宝，陈独秀当即篆书谢枋得《北行》诗相赠。这件墨宝至今尚存②，行款如下：

雪中松柏愈青青，扶植纲常在此行。

---

① 本人所述陈中凡与陈独秀的交往事迹，均见陈中凡所撰《陈独秀先生印象记》，《大学月刊》（一）卷第九期，1942年。
② 吴新雷、姚柯夫、梁淑安、陈杰编撰：《清晖山馆友声集——陈中凡友朋书札》，江苏古籍出版社2000年版，第151—152页。

天下久无龚胜洁,人间何独伯夷清。

义高便觉生堪舍,礼重方知死是轻。

南八男儿终不屈,皇天上帝眼分明。

斠玄同学远道来视,并出纸索书以为纪念。方读《叠山集》,录其《北行》一首以奉。

独秀书于金陵(钤有"陈印独秀"名章一方)

按:谢枋得(1226—1289),字君直,号叠山,南宋末年的抗元志士,入元以后,誓不屈节,后被押到大都,死于狱中,著有《叠山集》行世。陈独秀是借谢枋得的《北行别人》以诗明志——"南八男儿终不屈",喻示了虽陷囹圄之中而宁死不屈的崇高气节。

1936年,陈中凡在南京任教于金陵女子文理学院,由于近便,就时常到江宁第一模范监狱(俗称老虎桥监狱)探望陈独秀,彼此商量文字音韵之学。

1937年"七七"事变,日本军国主义者发动侵华战争。"八一三"爆发淞沪抗战后,日军飞机开始轰炸南京,陈独秀在狱中的住房遭空袭,屋顶坍下。陈中凡去老虎桥探监后见到险情,便与胡适、张伯苓等名流商议,联名保释陈独秀。[①]但国民党政府要取得"悔过书"后才能释放,陈独秀闻之大怒说:"我宁愿炸死在狱中,实无过可悔",并声明"附有任何条件,皆非所愿"!随着时局的紧张和国共第二次合作的大势所趋,国民党政府迫于巨大的舆论压力,终于在8月23日无条件释放了陈独秀。他出狱后先住在北大毕业的中央研究院总干事傅斯年家里(傅厚岗1号),但不久傅家周围遭到敌机轰炸,陈中凡就把他接到南阴阳营38号自己家里。陈中凡在《陈独秀先生印象记》中

---

① 联名保释事见贾兴权《陈独秀传》,山东人民出版社1998年版,第521—522页。

记载:

> 在敝宅住了半个月,各方面来慰问的人很多,也有送赆仪的,他一概不受,惟有北大同学和旧友底(的)略受少许。还有许多人和他交换政治意见,借此探他底意向,尤其是周佛海、陶希圣等,常请他吃饭,参加他们所谓"低调座谈会"。先生始终毫无表示,他们无可如何。

这半个月中,陈独秀和妻子潘兰珍一起住在陈中凡家里的书房中,会见了各方面的学界和政界人物。胡适要他去美国写自传,又拉他参加国防参议会,朱家骅拉他出任国民政府的劳动部长,他都一概拒绝,表现了卓尔不群的凛然正气。这使陈中凡十分感佩,特地赋诗一首赞美他说:

> 荒荒人海里,聒耳几天民?
> 侠骨霜筠健,豪情风雨频。
> 人方厌狂士,世岂识清尘?
> 且任鸾凤逝,高翔不可驯!

陈独秀也随即步原韵和诗一首说:

> 莫气薄大地,憔悴苦斯民。
> 豺狼骋郊邑,兼之惹尘频。
> 悠悠道途上,白发污红尘。
> 沧溟何辽阔,龙性岂能驯。

陈中凡在诗中赞扬陈独秀的革命豪情,对他"高翔不可驯"的铮铮铁骨表示了衷心的敬仰之意。而陈独秀在和诗中则表达了在革命的征途上誓与豺狼斗争到底的决心和"龙性岂能驯"的坚定意志。

1937年9月中,陈独秀告别陈中凡全家,离开南京赴武汉,租住在武昌庙后街26号。不久,陈中凡随金陵女子文理学院西迁成都,途经武昌时去拜会了陈独秀,彼此都决心投身到抗日救亡的洪流里去。

1938年8月,陈独秀到四川江津县先住在黄荆街83号,后迁往城西鹤山坪定居。陈中凡则已西去成都,双方虽远隔关山,但仍时常通信,讨论文字声韵之学。1939年春,陈独秀以所著《小学识字教本》的油印稿(上下篇分订为二册)邮赠陈中凡,并附信说:

此书出,非难者必多,书中解说亦难免无错误,而方法余以为无以易也。形、声、义合一,此中国文字之特征也。各大学文字学科,往往形、声、义三人分教,是为大谬。欲通中国文字,必去六书之说。所谓指事、会意、形声,皆合体象形,声皆有义,义托于形,形、声、义不可分也。六书中说,形声最为荒谬,人旁、鸟旁、草木旁、水火旁、牛旁、口旁、金石旁等等,其字均甚多;但右旁之声,谓之谐声而无义,则将何以别之?例如牡字《说文》从牛土声,牝字《说文》从牛匕声,是皆牛也,而牡牝无别矣。岂非笑话?吾书三千字,字字形义并释,不取某声以了之,明知此事至难,然非此无由通识中国之文字也。上篇解释字根及半字根,皆无可分析,或半无可分析之初文,计分象数、象天、象地、象草木、鸟兽、虫鱼、象人身、人动作、象城郭官室、服饰、方向、形状(如□○之类),用器十二类,共计不及五百字。下篇为此五百字所结合。上篇已成半数以上,暑期拟上下篇全部完成。在暑期或可开班教授一次以试验之。

所谓"小学",乃语言文字学的古称。陈独秀早年就精研文字训诂之学,曾有《字义类例》专著行世;后又撰述《实庵字说》,发表在《东方杂志》上。这部专供教师用的《小学识字教本》[1],是从汉语的字根语源着手,根据字形分化、词义演变探求同源词的发展规律,对汉语词汇史的研究有重要的学术价值。

1940年初,陈独秀把自己所拟的《古史表》寄陈中凡征求意见,陈中凡复信指出,这仅仅是依照《史记·五帝记》重订古史系统表,缺乏考古学上的根据,难以定论。接着,陈独秀又寄示近作古体诗《告少年》一首,以小楷精工抄写[2],末署:"录近作寄觉玄同学兄,民之二十有九年,独秀书于江津。"此诗载于1940年1月12日成都出版的《新新新闻》旬刊第二卷第二十期,诗中所述"亦有星星火,燎原势竟成。作歌告少年,努力与天争",表示了对革命的信心,是对青少年有力的激励!

1941年春,中山大学代校长许崇清函聘陈中凡担任中大文学院院长兼研究院文科研究所主任,陈中凡写信告诉陈独秀,陈独秀回信极表赞同,并墨书己作《春日忆广州》绝句寄赠[3]:

> 江南目尽飞鸿远,隐约罗浮海外山。
> 曾记盈盈春水阔,好花开满荔枝湾。

诗后题识说:"兄曾至广州,此情此景,想有同感也。惠书已诵悉。弟所托颉刚代购者,乃文史书报,非生活书店出版不值一读之小册也。兄近日曾晤抚五先生[4],想彼因事至成都也。此祝觉玄兄教学俱进! 弟独秀于江津,三月

---

[1] 陈独秀著《小学识字教本》现有两种印本:(一)1970年台湾语文研究中心整理影印本,书名改题为《文字新诠》;(二)1995年四川巴蜀书社出版了刘志成的整理校订本。
[2] 陈独秀手书《告少年》影印件见《清晖山馆友声集——陈中凡友朋书札》,江苏古籍出版社2000年版,第154页。
[3] 陈独秀手书《春日忆广州》影印件见《清晖山馆友声集——陈中凡友朋书札》,江苏古籍出版社2000年版,第156页。
[4] 抚五先生指王星拱(1888—1949),安徽怀宁人(与陈独秀同乡),"五四"运动时任北京大学化学系教授,后来曾任武汉大学、中山大学校长。

二十四日。"陈中凡接读后,甚为神往,乃和诗一首云:

    瓜艇吟魂荡蜓鬟,苍梧极目万重山。
    梦余犹味鱼生粥,惆怅西江水一湾。

但因许崇清卸任去职,陈中凡未能成行。陈独秀闻讯后来函说:"粤中大之行不成,未免可惜。然敌近方力图打通粤汉路,两粤恐亦未必安全也。"对陈中凡表示了亲切的关怀。

  1942年春,陈独秀又将所作《古阴阳入互用表》油印本寄示陈中凡,此表分古韵为a、ə、i、u四类,依"开、齐、撮、合"再分十系,将《说文》、《玉篇》、《广韵》、《集韵》所收之字,依类录入,见古音阴阳入三声互相转通,条理至为明晰。陈中凡阅后回信商榷说:"吾以为古韵非一成不变之物,周秦与汉魏,未必同符;隋唐以后,变化益繁;欲范以定型,恐难吻合。"陈独秀又复函说:"此仆一人之见,各方异议甚多,容将来作一总答复。"可是,陈中凡没有等到这个"总答复",却不料在五月底看到报载噩耗,独秀先生已于5月27日病逝于江津。陈中凡悲痛之极,当即写了《哭陈仲甫(独秀)先生哀词》,深深地表示了沉痛的悼念之情:

    生不遭当世骂,不能开一代风气之先声;
    死不为天下惜,不足见确尔不拔之坚贞!
    生死矙然斯何人,怀宁仲甫陈先生。
    先生之学关世运,先生之志济群生。
    斯世斯民方梦梦,先生肆志其孤行。
    孤行长往何所图?口可杜,身可诛,穷坚老壮情不渝!

词意激切,对独秀先生特立独行的高标气概和历史地位作了精当的总结。与当时众多名流所撰的悼词相比,属于首屈一指的、动人心弦的上乘之作。接着,陈中凡还写了悼文《陈独秀先生印象记》,公开发表在1942年9月在成都出版的《大学月刊》一卷九期上。此文开端即冠以《哀词》,文中缕述师从、交往的经历,文末对独秀先生作出了崇高的评价:

> 综观先生一生,早年从事革命,中年提倡新文化,及主持党务,晚年入狱,乃以整理国故自遣。其在思想方面,确能站在时代底前面,领导着青年们向前迈进;所以他一言一动,青年皆蒙其极大的影响,在近代文化史上,不能不算是开山的人物。虽生平意气正盛,坚执己见,不容他人有商讨的余地;然而他的主张皆确有见地,不同浮光掠影者流,随人脚跟为转移。晚年理想太高,一时无法实现,这也有他思想底背景。看他表面冷淡,与人落落寡合,实则胸怀俊迈,富于热情,故当其奔走革命之际,能勇往直前,入死出生,历百折终不稍挫。及至临大难,则从容不迫,怡然自处,尤非意志坚定,具有严气正性、石心铁肠者不能臻此。他底思想,现在虽随着时代成为陈迹,而这种磊落光明、宏毅峭直的人格,虽千百年后也足为青年取法。这就是先生不朽的所在!

这里充分肯定了陈独秀作为思想家的巨大成就,对其领导青年向前迈进的卓越贡献表达了最高的敬意。同时,陈中凡在《中国思想科学化》(《大学月刊》一卷八期)一文中,对陈独秀在"五四"时期宣传社会主义思想和唯物史观,提出科学与民主"作为新文化运动的两大支柱"进行了正面的颂扬,这在当时政界左右两翼都否定陈独秀的情况下,陈中凡敢于大声疾呼为陈独秀正名,确是难能可贵的。

陈独秀逝世后,由北大毕业的弟子何之瑜负责其著作的整理出版事宜,何之瑜曾约请魏建功整理有关文字学、声韵学的文稿,又约请陈中凡、台静农收集整理有关散文和诗词的作品。[1] 抗日战争胜利后,陈中凡随金陵女子文理学院从成都返回南京。而何之瑜到上海继续整理陈独秀的遗著,但没有正式的工作,生活发生困难。为此,陈中凡于1947年10月13日致函北京大学校长胡适,请予关心。此信全文如下[2]:

> 适之校长先生台察:久不晤叙,至仰贤劳。兹有恳者:北大同学何之瑜兄,去年复员到沪,其唯一工作及精神上之慰安,即为仲甫先生整理遗稿,比已大部就绪,交商务印书馆发刊。之瑜现仍忙于此项工作,不得不暂留沪滨,其膳宿两事虽尚无虞,其它则匪夷所思。闻春日台从过沪,曾以近况为询,渠未便自白,爰特代为函陈,务希函托沪友,于商务印书馆或其它公私立大学为谋一兼职,俾得安心纂集,庶克早竟全功,感戴者岂仅身受已哉。嵩此,并颂教安!
>
> 陈钟凡顿首 (三十六)、十、十三

由此可见,陈中凡对师友未竟之业的深切关怀[3]!

上述陈中凡与陈独秀的交往经历,反映了情真意切的师生之谊!当然,陈中凡作为一个做学问的学人,从师过程只限于学术领域,没有跟随革命家陈独秀参加革命实践。但他一直在陈独秀革命思想的影响下从事教学研究工作,是始终站在文化教育界的先进行列中的。

(2001年10月写于南京大学中文系)

---

[1] 何之瑜:《〈独秀先生病逝始末〉后记》,载于杨扬编《自述与印象:陈独秀》,上海三联书店1997年版,第191页。
[2] 此信收辑于陈中凡《清晖集》(柯夫编),书目文献出版社1987年版,第286—287页。
[3] 1948年10月,语言学家黄淬伯教授装裱陈独秀写给他讨论声韵的信札,特请陈中凡题跋。原件现藏南京大学中文系资料室。

王永健[①]

先师陈中凡教授的戏曲情结

中凡师的老师陈石遗先生在《长句一首赠觉元》(1926年6月)诗中有"子今研究遍四部,考订著作双沉酣"的赞语;友人容肇祖先生《题陈中凡先生年谱》(1985年12月)亦有诗曰[②]:

记曾相遇汉江滨,朴学雄谈树一军。
当代才华经谱述,百年国老足传神。

中凡师1917年夏毕业于北京大学中国哲学门,长期从事陈、容二先生所说的"四部"、"朴学",亦即中国古代哲学和文学的研究,且造诣精湛,著述颇丰。从1923年的《古书读校法》,到1933年的《两宋思想述评》,就出版了十一部

[①] 作者为苏州大学文学院教授。
[②] 姚柯夫:《陈中凡年谱》,书目文献出版社1989年版。本文不少资料皆参考了《陈中凡年谱》,特此说明,并向同门学长姚柯夫先生致谢。

中国古代文哲方面的专著。其中1927年由中华书局出版的《中国文学批评史》，是我国第一部中国文学批评史类专著；十年后，这方面的专家如郭绍虞、朱东润、罗根泽等无不受其影响而各撰著了一部同类著作。可是，从1954年中凡师已六十六岁起始，他的教学和研究（包括研究生的培养），却从"四部"、"朴学"转向了古典戏曲。中凡师的学术转向，既让师友们感到惊诧，也引起了学术界的关注。

1949年以前，中凡师只撰写过《论元曲中的"小令"和"套数"》（1926年3月北京《中国文学季刊》一卷1期）和《曹禺的五部曲》（1946年11月《大学月刊》第四卷第11、12期）。但从1954年到1966年"文革"开始止，中凡师发表了二十余篇有影响的戏曲论文，涉及中国戏曲史论、古典戏曲作家作品、古典名剧的改编和演出，以及新编戏曲作品的评论。其中有关中国戏曲史论的有：

元曲研究的成就及其存在的问题[《文学评论》1960年第6期]
有关古代历史剧的几种看法[《文汇报》1961年3月25日]
从隋唐大曲试探当时歌舞戏的形成[《南京大学学报》1964年第7期]

有关戏曲作家作品的有：

《论纪君祥的〈赵氏孤儿〉杂剧》[《南京大学学报》1956年第4期]
《高明〈琵琶记〉评价的商榷》[《文学遗产增刊》1958年第6辑]
《南戏怎样改编关汉卿的〈拜月亭〉》[《戏曲论丛》1958年第2辑]
《关于〈西厢记〉的创作时代及其作者》[《江海学刊》1960年第2期]
《关于〈西厢记〉杂剧的作者问题》[《光明日报》1961年1月27日]
《再谈〈西厢记〉的作者问题》[《光明日报》1961年4月30日]
《关于〈西厢记〉作者问题的再进一步商讨》[《光明日报》1961年10

月 22 日]

《从历史素材到〈赵氏孤儿〉杂剧》[《戏剧报》1961 年第 15 期]

《关汉卿杂剧中现实主义与浪漫主义相结合的范例》[《南京大学学报》1962 年第 1 期]

《汤显祖〈牡丹亭〉简论》[《文学遗产》1962 年第 4 期]

《关汉卿杂剧的民主性与局限性》[《光明日报》1965 年 6 月 22 日]

有关古典名剧的改编与演出的有：

《梁辰鱼〈浣纱记〉改编本前言》[《南京大学学报》1958 年第 1 期]
《看越剧"碧玉簪"的演出》[《江苏戏曲》1959 年创刊号]
《谈越剧改编"桃花扇"的成就》[《江苏戏曲》1959 年第 6 期]

有关新编戏曲作品评论的有：

《对传统戏曲推陈出新之我见》《光明日报》1963 年 10 月 27 日）
《〈十二寡妇征西〉、〈百岁挂帅〉和〈杨门女将〉——从"杨家将"故事的改编谈戏曲遗产问题》[《江海学刊》1961 年第 4 期]

诚如同门学长吴新雷所说，中凡师在七十三岁（1961 年）以后还有三大宏愿："一是撰写《中国戏曲史》；二是探究中外戏剧理论；三是考释戏曲俗语。"①在中国戏曲史的研究方面除上述单篇论文以外，中凡师还与钱南扬先生合作编撰过《中国戏剧概要》（南京大学中文系印，1964 年）。至于中凡师的第二第三个宏愿，笔者有幸参加过一些实际工作。犹记 1960 年，中凡师与

---

① 吴新雷：《悼念戏曲史导师陈中凡教授》，《剧影月报》1982 年第 11 期。

陈瘦竹教授共同主持《马克思主义戏剧学》的编纂，笔者奉中凡师之命也参加了此项工作，还撰写了两章：戏剧的主题和戏剧的结构（南京大学中文系印，1960年）；1962年12月笔者研究生毕业后，作为教育部储备教师暂留南京大学中文系工作期间，也曾参加过考释戏曲俗语的制卡工作。当然，由于种种原因和"文革"的爆发，中凡师的三大宏愿未能实现，笔者的些微工作更早已付之东流。但中凡师对戏曲的执着和壮志，实在令人感动，至今仍激励和鞭策着我们这些门生。

中凡师1954年的学术转向，固然与院系调整后南大中文系教学需要和师资情况有关；但窃以为中凡师对戏曲的爱好，是与戏曲结有一种不解之缘，这才是主要的原因。

中凡师一生追求光明和进步，思想一贯开明，一切均能与时俱进。尽管传统和家学使中凡师自然地走上了研究"四部"、"朴学"的道路，但他对同样源于博大精深的中华文化，以及更富有平民色彩和民间气息的古典戏曲，一直情有独钟。只要回顾一下中凡师与戏曲大师吴梅先生的相识和友谊，就能清楚地看出中凡师的这种戏曲情结。

1917年9月，吴梅先生（是年吴梅先生三十四岁，中凡师二十九岁）应蔡元培校长之聘，到北京大学讲授古乐曲（即词曲），一直执教到1921年夏。吴梅先生校勘的《词源》，编著的《词余讲义》，均由北京大学出版部出版；1919年3月，北京大学创办了《国故》月刊，由刘师培、黄侃任总编，吴梅先生为特别编辑，中凡师为编辑。中凡师自1917年夏毕业于北京大学哲学门之后，经蔡校长决定，留校任文科预科补习班的国文教员，同时为文科哲学门、文学门研究所研究生；1918年秋，又兼任北京女子师范国文专修科教员。吴梅先生在北大中文系讲授古乐曲，以及他与中凡师在《国故》编辑部的合作共事，给中凡师留下了深刻的印象，也触发了中凡师的戏曲情结。

1921年夏，中凡师赴南京，任东南大学国文系主任兼教授。他继承北大蔡元培校长提倡学术思想自由、兼收并蓄的办学方针，积极开展课外活动。

次年秋后,中凡师聘请吴梅先生前来讲授词曲,吴梅遂离开北京大学,举家南归。中凡师和吴梅的二度合作,开创了东南大学重视通俗文学的风气,培养了一批后来蜚声海内外的词曲专家(如唐圭璋、王季思、卢冀野等)。

自1928年起,中凡师任暨南大学中文系主任,后来又任文学院院长。经中凡师"严订课程,罗致硕学,院务极见整饬"①,1933年5月,中凡师接到吴梅先生推荐门生王季思的书信:"闻贵校下学期词曲一科,尚无教授;高中国文,亦无专师。不揣冒昧,愿承其乏。"由于反动派系势力的干涉校政,中凡师被迫于6月辞职,吴梅先生之荐是否成功,不得而知。但吴梅先生与中凡师之间基于戏曲情结的友谊,由此可见一斑。

吴梅先生之治曲,以及他在北京大学和东南大学的讲授词曲史论之外,还十分重视曲律和作剧。他要求学生知音识谱,会唱会写。中凡师对吴梅先生的这种看法和做法,极为赞赏。早在1931年,中凡师任暨南大学文学院院长时,就曾特聘青年昆曲家俞振飞先生为讲师,开课传习。五六十年代,中凡师指导研究生,诚如吴新雷学长所说,"实际上已经熔王国维之考证与吴梅的声律于一炉,并大有创新"②。笔者在做中凡师的研究生时,就有一门清唱昆曲的课程。记得由老曲师邬铠先生教授,每周一次,每次三小时左右,教上一个学期,地点是在邬铠先生家里。邬铠先生教学认真,我们也一板一眼地在邬铠先生的笛子伴奏下,学唱了《长生殿》的《小宴惊变》、《迎像哭像》和《牡丹亭》的《游园惊梦》等全套曲子,以及《玉簪记·琴挑》、《虎囊弹·山门》、《长生殿·弹词》、《千忠戮·惨睹》等折子戏的许多著名只曲。中凡师经常教导我们,研究古典戏曲,要弄清楚历史背景,要吃透文学剧本,还要重视剧场艺术。遵循中凡师的教导,我的毕业论文《洪升及其剧作的研究》,考证了洪升的生平,在论述了《长生殿》的思想内容和艺术成就后,还专门搜集资料,撰写了

---

① 《暨大文学院院务整饬,现有教职员54人》,参见《民国日报》1933年1月11日。
② 吴新雷:《悼念戏曲史导师陈中凡教授》,《剧影月报》1982年第11期。

《〈长生殿〉在清代的演唱概况》,对此中凡师深表满意。①

中凡师酷爱昆曲艺术,不仅能清唱,还曾粉墨登场。1936年暑假,中凡师任金陵女子文理学院教授时,就曾演出过《贵妃醉酒》。缪含先生《回忆陈中凡教授与先严的交往》云:

> 一九三六年暑期,陈老应工余联欢社邀请,演出《贵妃醉酒》。先严(笔者按:中凡师至交缪镇藩先生)欣然携我偕往香铺营文化会堂观赏,演出颇为精彩。作为蜚声国内的著名学者,平素庄严儒雅,竟然粉墨登场,在红氍毹上扮演风流皇帝,演技娴熟,若非先严从旁揭示,无从分辨庐山真面。演出后,一时士林传为佳话。②

1961年秋,笔者在南京大学礼堂里还观赏过中凡师与师妹梁淑安的《长生殿·小宴》清唱,白首红颜的合唱博得了满堂的掌声,动人情景,至今仍历历在目。直到1980年,九十二高龄的中凡师,还应约为《书林》撰写了《〈牡丹亭〉的反封建主题》(刊于《书林》1980年第1期),为《江苏戏剧》撰写了《谈谈关汉卿部分作品中的人物塑造》(刊于《江苏戏剧》1980年第7期)。

中凡师的戏曲情结可谓源远流长,老而弥笃。1954年以后,南京大学中文系的科研和教学工作,需要中凡师在学术上由传统的"四部"、"朴学"转向元明清戏曲;而剪不断的戏曲情结,使中凡师不止乐于作这样的学术转向,在戏曲研究方面同样作出了令人钦佩的成绩。中凡师与时俱进的思想品格和道德文章,足以光照千古,永远是我辈学习的楷模。

(辛巳年底草于姑苏莳溪轩)

---

① 拙著《洪升和长生殿》以当年的毕业论文为基础改写而成,仍保留了《〈长生殿〉在清代的演唱概况》,上海古籍出版社1982年版。
② 《陈中凡年谱》1936年记事。

徐雁平[①]

明月耀清晖
——读《清晖山馆友声集》

最初的关于《清晖山馆友声集》的信息，大致是源于书目文献出版社1989年出版的《陈中凡年谱》(姚柯夫编著)。在这本年谱中，摘录的陈中凡先生友朋书札已显示了《清晖山馆友声集》极高的史料价值。年谱最后有一段预告性的文字："(陈中凡先生)数十年珍藏之师友书信六百余通,其中有近代、现代名人手迹,已选辑为《清晖山馆友声集》,将由江苏古籍出版社影印出版。"但由于种种原因,这部书信集一直未能面世。1998年10月10日《文汇读书周报》刊发了高恒文先生的文章《〈清晖山馆友声集〉和徐志摩佚函》,此文着眼点在徐志摩的书信,但作者亦特别点出这六百余通书信有极其重要的史料价值,他说："仅据《陈中凡年谱》引述,我们就可以看到,仅二三十年代,就有蔡元培、陈独秀、黄侃、刘师培、马叙伦、周作人、冯友兰、杨树达、黄宾虹、钱基博、陈衍、吴梅、顾颉刚、张星烺、龙榆生、姜亮夫、徐中舒、苏雪林等人的

[①] 作者为南京大学文学院教授。

来函。我略作检查，许多的信在至今出版的写信人的文集、书信集或年谱中，均无收录或记载。"此文刊出后不久，经陈中凡先生的弟子吴新雷等众人的努力，《清晖山馆友声集·陈中凡友朋书札》（以下简称《友声集》）终于在2000年10月由江苏古籍出版社出版了。

《友声集》原件分为"京门校友"、"石遗室书翰"、"桑梓贻音"、"蜀中游侣"等卷，此次影印的有一百一十一家共二百件，其史料价值和艺术价值令人刮目相看。以艺术价值而言，出自书画名家如黄宾虹、关山月、高二适、陆俨少等的手札，皆是各具特色的精品；而出自学人之手的墨迹，也皆自有面目，值得细加品味。将《友声集》与在此之前出版的书信集，如《近代名人手札精选》（香港中文大学出版社，1992年）、《中华书局收藏现代名人书信手迹》（中华书局，1992年）、《民国名人手迹》（上海书画社，1996年）、《复旦大学档案馆藏名人手札选》（复旦大学出版社，1997年）并观，很自然就有一种印象，那就是中国文人所必备的一种"艺能"——书法，在民国那一代学人手中还没有衰落，这是让我们无限歆羡和感慨的事。《友声集》所收书信虽然时间跨度不大，但皆出自陈中凡先生一手，而且又历经如此多的劫难，传至今日，实属不易。他在1937年所作的《五十生日自述》诗中尝言：

> 暇便高吟乐便歌，
> 漫将身世怨蹉跎。
> 廿年浪迹恩雠少，
> 半世蒐罗卷轴多。

诗中有自注："敝斋藏书十万卷，字画三百帧，首都沦陷，尽付劫灰。"在此种境况下，书札能完好留存于世，更可见陈先生对其备加珍视，因此当我们有"微风吹罗袂，明月耀清晖"般的读书之乐时，应特别感谢先生的护持之功。

《友声集》的史料价值，是与陈中凡先生的交游阅历分不开的。陈先生1917年毕业于北京大学中国哲学门，此后历任北京女子高等师范国文部、东南大学国文系主任、广东大学、暨南大学、金陵大学文学院院长，又先后在中山大学、大夏大学、金陵女子文理学院、南京大学任教，故而书信所牵涉的大多是学术界的人和事。如其中有蔡元培推荐蔡尚思、梁启超推荐程仰之、吴梅推荐王季思、梁公约推荐唐圭璋、陈衍推荐龙榆生的荐才信。吴梅在信中说："兹有恳者：中大敝徒王君季思起，学殖渊通，词章楚楚，研讨词学，积有岁年。闻贵校下学期词曲一科，尚无教授；高中国文，亦无专师。不揣冒昧，愿承其乏。"（1933年5月19日）如此种种，皆是留意中国现代学术史的读者不可忽视的。陈中凡是刘师培的弟子，《友声集》收录刘师培的书札三通，其中有刘师培论说扬州学派前辈阮元诗的一段文字，认为"其诗不主一家，不专一格，然长篇均有奇致，律诗迥绝俗氛。盖纯为学人之诗，而以性情为主者也"。虽为片断，然是研究刘师培文学思想的一条好材料。而任中敏1951年（其时年已五十七岁，任教四川大学）致陈中凡先生书札，谈及他的治学计划："爱先选定唐代音乐文艺之全面一题，着手攻取，已粗写《教坊记笺订》，及《敦煌曲详玩》两稿。余若《唐大曲第三考》、《唐声诗考》两稿，拟订在明年完成，然后再研讨敦煌材料内变文一体，订在后年年终结束，于上列主题，得一总结"，这对于了解任中敏的治学历程而言，尤为重要。据我所知，张晖撰《龙榆生先生年谱》（学林出版社，2001年版），从《陈中凡年谱》及《友声集》中也查检到不少资料。

冼玉清是《陈寅恪的最后二十年》一书问世后渐被人注意的学者，而在《陈中凡年谱》中，冼玉清致陈先生的书札有八通，起自1940年2月1日，讫于1950年5月1日，但均是摘录，《友声集》此次影印了其中的三通，由此不但可以欣赏这位学人的书法，而且还可以补《冼玉清先生年谱》（庄福生撰）之不足。更有意思的，通过两位学人的交往，我们可以感受到大变革时代的波澜起伏。1950年5月1日在岭南大学任教的冼玉清致函在金陵女子大学任教的陈先生：

久疏音候，无时不以尊况为念！人事纷纷，遂懒执笔，谅之。此间课程变动，大学一年国文、英文已非必修科，语音学、音韵学、训诂学、甲骨文等亦不开设，骈文、诗词均斥为无用，想贵校情形未必如此也。

而事实上，南京的情况也在变动。陈先生在1951年11月9日填写"金陵大学教职员登记表"时，在所担任的课程栏目里填有"历代韵文选"、"工具书使用法"、"国文及写作"，在可能担任的课程栏目里，除填有所擅长的"历代散文选"、"古典文学史"之后，又填有"新文学史"。二十世纪初期中国的学术曾历经深层的转变而形成中国现代学术，而二十世纪五十年代，似又有一次转变，这大概是"革命"之后的"再革命"，"再革命"的征兆从冼玉清致陈中凡先生的书信及陈先生的"登记表"已稍有显现。

《友声集》所收书札对研究陈中凡先生的学术和人生有特别的价值，书札虽然是一些零星的断片，但因为它们的真实性和数量上的保证，这些断片在陈先生这一中心关联之下，也自有系统。《友声集》中收有唐文治书札三通，其中两通是与无锡国学专修学校（1920年创办）有关。"前托陈柱尊君代陈鄙悃，敦请高贤为敝校特别讲师"（1930年7月21日），"日前接奉惠复，承示讲授科目大纲，曷胜感佩"（1930年9月5日）。陈先生此时在暨南大学任教，在无锡国专应是兼职，这一事实在《无锡国学专修学校校友会集刊》（第一集，1931年6月）中所列的教员名单中也有记录，陈先生与王蘧常、蒋天枢、陈柱尊都列入"前任教员"一栏中。而正因为陈先生与无锡国专有这一层关系，就很容易理解《无锡国学专修学校十五周年纪念册》（未见，仅知其目录）收有陈先生的《近二十年整理国故之总成绩》一文（此文陈先生的论文集未见收录）。陈中凡先生接受的是新式教育，但他和许多旧派文人有密切的联系，陈衍、赵熙和他有师生之谊。陈衍在 1929 年 6 月 8 日致陈中凡先生的一封信中说："仆老矣，视天下至宝者，无逾学人。如足下与伯弢、柱尊，吾诗所谓三陈者，亘千百年、千万里仅有此数。继往不足言，开来之任至重，而道方远也。"可见陈衍对他们三人期望甚高。1937 年 7 月陈中凡先生有诗作《传闻石遗老人捐馆舍赋感》，中有"闽中噩耗转来迟，将信犹疑不自持。蒿目茫茫难入梦，寄怀惘惘失喑词。当今肝胆凭谁共，论古文章忆我师"之句，师生情谊之深，于此流露。《友声集》原稿中有"石遗室书翰"一卷，可见陈衍的书札数量定有可观之处，据《陈中凡年谱》所示，陈衍的书札有十一通（其中 1926 年二通，1927 年一通，1931 年一通，1933 年二通，1934 年五通），此次《友声集》选印五通，其中 1927 年有二通（1927 年 9 月 26 日一通《年谱》未录），"石遗室书翰"的全部整理对研究陈衍以及陈中凡先生的诗学渊源，无疑应有推助之功。

《友声集》中吸引人的还有论学谈诗的书札，如陈中凡先生与陈衍讨论所著《泰誓年月古今异说考》，与苏雪林讨论所著《清晖说诗》，前者是其业师，后者是其弟子，书札往还，颇有切磋之乐。据姚柯夫先生言："为了精研诗学，先生每有新作，即分赠师友征求意见，并与其高足如詹安泰、吴辛旨、李冰若、苏雪林、陆维钊等人相互唱和切磋，既增进师生情谊，又收教学相长之效。"（见《清晖集》第 8 页）陈中凡先生的《清晖诗说》（亦名《清晖说诗》成于 1940 年，刊于《文史杂志》第 1 卷第 10 期，1941 年 8 月），"首总说，次自魏晋迄清，分代评论，次说歌谣，凡八章，都万余言。尚论二千年来诗学之流变中失，昭然若发蔀蒙，盖合诗学、诗史、诗品而一炉共冶者也"（吴辛旨《〈清晖说诗〉序》，见《清晖集》第 229 页）。陈先生此作撰成之后，寄与吴辛旨、詹安泰、邵祖平、苏雪林、庞俊等，此正如《小雅·伐木》所言："嘤其鸣矣，求其友声。"庞俊在 1941 年 9 月 17 日的回信中指出："《诗话》左右采获若前数条，皆用瓯北本语，似宜仍照尊作《凡例》，条条注出。其间标举篇句，有杂用诸书若《艺苑》名言

之属,似宜无妨注明,以归一律。"苏雪林在同年12月29日致陈先生的信中,亦有不同的意见:

> 师所作《说诗》及读各朝诗,以韵语评骘历代诗人,抑扬无不得当,可当一部诗史读。……惟函丈所论诗人,皆属旧式文人心目中之正宗人物,此则未免囿于陈见,而林所期期不以为可者。盖历代诗坛中,常有异军突起,自张一帜,当时虽被目为野狐禅,而以今日文学评价估之,竟转胜于所谓正眼法藏者。又有草野诗人,姓名不见史传,而冷芳幽艳,零落岩阿,往往足供采撷。前者如清之龚定盦……后者如隋唐间之王梵志、寒山、拾得,清之蒲柳泉,好以白话为诗,似亦未可舍而不论。举此数人,特以为例,其他尚望师自采择之也。

苏雪林在此书札中所表现出的诗学观念明显受"五四"以来的"白话文学"(尤其是胡适的《白话文学史》)的影响,较陈先生的《说诗》之作自然新潮些,但传统与新潮并不是水火不容,陈先生保留此类商榷性的书札,正说明他对异见的重视,这也正是《清晖山馆友声集》中"友声"二字所包含的真义。

此文写竟,正好看到2001年12月28日《古籍新书目》发布第四届华东地区古籍优秀图书评奖的结果,《清晖山馆友声集》荣获了一等奖。此书的学术价值得到了专家学者的充分肯定,这是令人欣喜的。

(2002年1月写于南京大学中文系)

申屠炉明[1]

读陈著《诸子通谊·原始篇》札记

陈中凡先生的《诸子通谊》作于 1917 年,上海商务印书馆 1925 年 3 月初版。七年后的 1932 年 9 月商务印书馆又重印一次。从写成问世,算来已有七八十年的历史了。这是一部很有特色的著作,旁征博引,有论有断。可以看出作者穿穴经史,融会百家的功夫。可惜多年来未见重印,现在的读者是不容易看到了。此书共三卷十篇。具体篇目有《原始》、《流别》(以上二篇为上卷),探讨了诸子的起源和流派问题。《原道》、《原名》、《订法》、《述墨》、《明儒》(以上五篇为中卷),探讨了道、名、法、墨、儒诸家学术的特点及流弊。《正名》、《论性》、《阐初》(以上三篇为下卷),是作者对"名"、"性"、"初"三个命题的诠释。附有《周秦迄元明诸子书目》,有解题,并著录版本,极便于初学者。我在学习时曾将书中精义一一摘录下来,现谨抽出若干条,略加阐发,先成《读〈原始篇〉札记》一篇。

---

[1] 作者为南京大学中国思想家研究中心副教授。

陈先生在《通谊》第一篇《原始》开明宗义提出"六经皆古之典礼,百家者礼教之支与流裔也"的观点。陈先生认为"尚世官师不分,政教合一",所有的制作,皆备于典礼。因此,礼经是六籍的"大名",诸子百家皆由此而出。按:关于诸子的流别,《汉书·艺文志》曾一一指明它所从出的王官,其说本于刘歆的《七略》。如:

儒家者流,盖出于司徒之官,助人君顺阴阳、明教化者也。

道家者流,盖出于史官。历记成败存亡、祸福古今之道,然后知秉要执本……此人君南面之术也。

阴阳家者流,盖出于羲和之官。

法家者流,盖出于理官。

名家者流,盖出于礼官。

墨家者流,盖出于清庙之守。……

班氏又总论各家,指出"虽有蔽短,合其要归,亦六经之支与流裔"。近代章太炎《诸子略说》申明班、刘之说,而胡适为翻旧案作《诸子不出王官论》。柳翼谋有《论近人治诸子学者之失》一文,对章、胡均有批评,但亦认为诸子出于王官。诸家争论的焦点是"诸子是否出于王官"问题,陈先生则不在这个问题上绕圈子,而是另创新说,谓"百家者礼教之支与流裔"。这里的礼教当指古代的"典礼",是一个"大名",是上古一切学术的通称。用作者的话说就是"礼经、礼法、王官典籍之通称"。我认为陈先生的说法是对的。因为上古时期惟官有学,而民间无学。《周礼·保氏》提到当时国学的"六艺"和"六仪"之教,云:

养国子之道,乃教之六艺:一曰五礼,二曰六乐,三曰五射,四曰五驭(御),五曰六书,六曰九数。乃教之六仪:一曰祭祀之容,二曰宾客之容,三曰朝廷之容,四曰丧纪之容,五曰军旅之容,六曰车马之容。

六艺之中"礼"又是国学中极为重要的一门课程,既是贵族子弟修身之要,也是他们的用世之具。然"礼"又是一个"大名",具体表现它的就是各种礼仪制度。后世礼家将之归为两大类,一类是"名物度数",就是表示各等级差别的宫室、衣服、车马、器皿之类;一类就是"揖让周旋"的"礼仪",在各种场合上,不同身份的人仪容动作也有不同的规定。它既是贵族等级差别的体现,也是当时社会生活的反映。所有这些知识必须通过专门的学习才能掌握。再说"六艺"中的礼乐射御这些科目,必须辅以器具,而这些东西非私家所能具备,正如清末学者黄绍箕所说:"古代之学校试验格致器具,非一人一家所能毕备。……至于成均乐器,钟、鼓、管、龠、鼗、祝、敔、埙、箫、琴、瑟、笙、磬、竽、篪之伦,以供国家祭祀享燕之用者,尤非里党所可致也……此学术之所以多在官也。"(《中国教育史》卷四)这也说明"学术在官"是由于当时的客观条件决定的。春秋是历史上一个"乱世"的时期,孔子曾感叹"礼坏乐崩",西周时期"学在官府"、"官师合一"的局面已被打破。如当时的司正、乐正、执法者、典书者等,这些既是政府的官吏,又是学校教师的知识分子,流散四方。这些人流落民间,使过去深秘于官府之内的典籍,此时也得以授于民间。学术下移,这些人凭着自己的知识,纷纷聚徒讲学。诸子百家由是产生,至战国中期形成了诸子百家之学的高峰。

"六艺"后人称为"六经",其与史的关系如何,陈先生在《诸子通谊》中有精当的考辨。陈先生认为:汉人有直称《春秋》为史,但尚未有通名《六经》为《史记》的;古人就书之体制言,谓之"典"、"册",析之则为简;就其用而言,则名之曰"经"、曰"文"、曰"礼";"从未有以史名六经者,更未有别史于六经之外者"。"六经皆史"之说,发自王阳明,章学诚申其说,至龚自珍更畅言之。陈先生认为隶六经百家语于史记之下,是本末倒置,凿枘强容。按:唐代刘知几

《史通·六家》别诸史为六家,一曰"尚书家",二曰"春秋家",已将六经中析出二家为史。章学诚《文史通义》则称"六经皆史"。如细究,情况恐怕未必如此简单。我们不妨看看孔子是如何看待这些典籍的。

《诗》,孔子对于"诗教"是很重视的,把它看成是修养道德、陶冶性情的重要手段。孔子曾教导学生说:"小子!何莫学夫《诗》?《诗》可以兴,可以观,可以群,可以怨,迩之事父,远之事君,多识于鸟兽草木之名。"(《论语·阳货》)这里孔子把学《诗》当成可以培养联想力,可以提高观察能力,可以建立相互间的谅解,可以讽喻批判时政的得失。近的呢,可以运用其中的道理来事奉父母;远的呢,可以用来服侍君主。还可以多认识自然界的鸟兽草木的名称,作用不可谓不大。

《书》,《尚书大传》述孔子的话说:"《六誓》可以观义,《五诰》可以观仁,《甫刑》可以观诚,《洪范》可以观度,《禹贡》可以观事,《皋陶谟》可以观治,《尧典》可以观美。"由此可见,孔子是把《书》当作政治和历史的教材来用的。此外,《论语》中记录了孔子三次引《书》,借以古喻今,述行政道理。

《礼》和《乐》是西周以来官学传统科目,孔子极为重视,自不必细说。

《易》和《春秋》,此二书与孔子关涉最大,也最能直接表现孔子的思想。《论语·述而》记孔子自己的话"加我数年,五十以学《易》,可以无大过矣"。《史记·孔子世家》也说:"孔子晚而喜《易》……读《易》韦编三绝。"至于《春秋》,《孟子》讲得至为明白,《滕文公下》说:

世衰道微,邪说暴行。臣弑其君者有之,子弑其父者有之。孔子惧,作《春秋》。《春秋》天子之事也,是故孔子曰:"知我者,其唯《春秋》乎!"

昔者禹抑洪水而天下平,周公兼夷狄,驱猛兽而百姓宁,孔子成《春秋》而乱臣贼子惧。

《离娄下》又说：

> 王者之迹熄而诗亡，诗亡然后《春秋》作。晋之《乘》、楚之《梼杌》、鲁之《春秋》，一也。其事则齐桓、晋文，其文则史。孔子曰："其义则丘窃取之矣！"

依孟子所说，孔子并非把鲁《春秋》旧史抄录一过，而是"其义则丘窃取之矣"，即是加进了自己的政治观点。表面上看，写的是晋文、齐桓之类的事件，用的是史书体裁，实则是一部明义的著作。《庄子·天下篇》云："《易》以道阴阳，《春秋》以道化分。"《史记·太史公自序》也说："《易》以道化，《春秋》以道义。"又《司马相如列传》云："《春秋》推见至隐，《易》本隐以显。"都说明了这个问题。这样看来，章学诚说"六经皆史"（《文史通义·易教上》），龚自珍说"五经为国史之大宗，诸子为国史之支叶小宗"（《古史钩沉论》），的确是不悟史本记事之称，有"本末倒置"之病。当然以我们现代的眼光看，无论经史，举凡古代的一切典籍，都不过是研究我国古代历史文化的材料而已。但要推源古代学术发展变迁之迹，此层关系不能不辨。

由以上摘抄的一些观点，可以看出陈先生所著《诸子通谊》内容丰富，思想深远，并未因岁月的消磨而失去它的学术价值。

(2002年2月写于南京大学中国思想家研究中心)

吴新雷[1]

陈中凡先生的学术成就

中凡先生是著名的文哲专家,他在学术园地里辛勤耕耘,留下了丰赡的著述。中凡先生学识渊博,举凡文学、史学、哲学、音乐、美术和戏剧学,都曾广泛涉猎,在研究中均有创获;其治学方法能随着时代的潮流而前进,不断地谋新。他早年师承刘师培,专攻经史之学,但他并没有钻在故纸堆中不闻世事。1919年,他在北京亲身参加了伟大的"五四"运动,追随蔡元培和陈独秀,宣传"科学与民主"。1927年大革命以后到三十年代初,他在上海受"左联"的影响,开始钻研唯物史观学说。新中国成立以来,他认真学习马列主义,运用唯物辩证法和历史唯物论来研究宋元明清的小说戏曲,发表了一批富有创见和新见的戏曲史论文,取得了丰硕的成果。这里就中凡先生一生的治学业绩加以归纳,分类简介其成就如下。

---

[1] 作者为南京大学文学院教授。

群经诸子和中国思想史的研究

中凡先生在1914年考进北京大学之初,曾在仪征人刘师培门下专攻十三经和诸子哲学。仪征刘氏三世传经(师培之曾祖刘文淇、祖父刘毓崧、伯父刘寿曾,治经有家法),至师培已属四世治经,中凡先生从之受业,得其精义。他从北大毕业后任教于北京女子高等师范学校国文部,就给学生开讲经学课程,写出了《经学通论》的专著(1923年由东南大学出版科出版),内容是考释群经的名称、作者和历代传授的渊源,并注重经文的诠释训诂和辨析章句,如以孙星衍的《尚书今古文注疏》解读《尚书》,以陈奂的《诗毛氏传疏》解读《诗经》,以刘文淇的《左传旧注疏证》解读《春秋左氏传》之类。在此基础上,他于1921年秋到东南大学国文系开讲《先秦诸子学说》,又写出了《诸子通谊》(1925年商务印书馆出版),纵论诸子百家(从管子、老子、庄子、列子到孔子、荀子、孟子、墨子、孙子、韩非子、鬼谷子,等等),对于道家、墨家、儒家、法家哲学思想的异同,考其源流,辨明得失。其中对老庄哲学的研讨,尤为精到。曾先后发表《老子学说略》和《庄子学说略》两篇著名的论文(均已收入上海古籍出版社1993年出版的《陈中凡论文集》),得到学术界的好评。

1930年春,中凡先生在上海大夏大学任教时结识了蔡尚思先生。蔡先生在《中凡真不凡》的纪念文章中回忆说:

> 我和陈先生的友谊最值得纪念的一件事,是我们曾经相约合著《中国思想史通论》。陈先生自愿承担艺术思想与宗教思想两部分。他对中国的艺术思想很有研究,多年来搜集了很多材料;对宗教思想也比较重视,颇多研究心得。

这部《通论》分绪论、本论、结论三部,虽由于种种原因没有完工,但在中凡先生的催促下，蔡先生写成的绪论《中国思想史研究法》先拿了出来，中凡先生特地推荐给《学艺杂志》发表，并为之撰写了一万多字的长序，后以《中国思想研究法》的书名由商务印书馆出版了单行本。

中凡先生研究中国思想史另有二项突出的成果。一是在1931年出版的《国立暨南大学文学院集刊》第一集上发表了学术论文《清代三百年思想的趋势》，用逻辑学的新方法梳理了清代学者由惟知论至惟行论、由惟理论至惟情论的转化轨迹。二是在1933年由商务印书馆出版了专著《两宋思想述评》，全书共十六章，先就两宋思潮中儒、道、佛三家之复起作了深层的分析，并考述了"远西宗教之东渐，为东西文化接触之初步，关系于两方学术者非浅"；指出景教、祆教、摩尼教、天方教（回回教）对宋代张载、邵雍的学说都有影响："其势力虽不足与释道两宗相提并论，然言宋代思想者亦不可忽视"，这可说是他的创见。书中对宋代理学濂（周）、洛（程）、关（张）、闽（朱）四大派的哲学思想进行了深入浅出的阐释，并对南宋陆九渊的惟理学说及陈亮、叶适异军突起的功利学派作出了新的评价，学术水平很高。1996年东方出版社编《民国学术经典文库》时，已将此书与胡适《中国哲学史大纲》、梁启超《清代学术概论》等十一种专著一起辑入"思想史类丛"重印，足见学术界对它的重视。

文学批评和汉魏六朝文学史的研究

中凡先生是一位思想不断趋新、具有现代社会科学通识的学者。他学殖深厚，善于做开创性和探索性的研究工作，早在1927年就写出了我国第一部《中国文学批评史》，由中华书局出版，宣告了这一新学科在国内的诞生，填补了这一领域内的空白。他参照刘勰《文心雕龙》和亚里士多德以来的西方文论，把文学批评的涵意定为指正、赞美、判断、分类、鉴赏五个方面，而批评的派别定为解释的批评、道德的批评、审美的批评和历史的批评等十二种，可说是融合了中西的文艺理论，很有开拓性。此书因属创始，较为简约，但论及的文学史上的批评家已达九十以上,而且初步确立了中国文学批评史的体制格局,具有特殊价值。全书分十二章,就周秦两汉至宋元明清的文论加以钩稽,条分缕析,提出一系列新见解。此书出版后,很受读者欢迎,一再重印,至1940年已出至第六版。受此影响,罗根泽、郭绍虞、朱东润、方孝岳、傅庚生诸家的文学批评史才接踵而出。《中国文学批评史大纲》的作者朱东润教授曾说:

中凡先生文章学识,皆当今第一流,其所作《中国文学批评史》,卓见远识,后来者虽踵事增华,卒未能越其范围也。抗战胜利以后,余自四川东归,橐笔南京,先生方以新民主主义与友好相磨砺,余始得预末席,益钦其为人。及《中华文史论丛》复刊,忝任主编,与先生往复商榷,获益良多。(见1982年7月朱东润亲笔墨书的《中凡先生悼辞》,原件藏于南京大学档案馆)

由此可见当代学者对中凡先生高度的推崇。

中华书局在1927年2月同时出版了中凡先生的两部专著,除了作为"文学丛书"第一种的《中国文学批评史》以外,作为"文学丛书"第二种的便是《中国韵文通论》。中凡先生的这部韵文通论,相当于是一部中国诗史,内容涵盖诗、词、曲、赋四大类,分为"诗经略论"、"论楚辞"、"诗骚之比较"、"论汉魏六代赋"、"论乐府诗"、"论汉魏迄隋唐古诗"、"论唐人近体诗"、"论唐五代及两宋词"、"论金元以来南北曲"等九章,其中论散曲、剧曲包括了北曲杂剧、南曲戏文和明清传奇,于曲体粲然大备,在当时是一部具有创意的诗歌史。所以1989年上海书店出版社辑集《民国丛书》时,特将此书收入第一编予以重印,可见其学术价值得到了时人的公认。

中凡先生又精于两汉魏晋南北朝文学的研究,1929年出版了《汉魏六朝文学》,1956年出版了《汉魏六朝散文选》。前者是他在上海暨南大学担任文学院院长时,应商务印书馆之约而写的(收入《万有文库》),初版以后又于

1935年由商务印书馆收入《百科小丛书》再版。引人注目的是,2001年上海书店出版社编集《中国大文学史》,辑印上下两册,上册以柳存仁的《上古先秦文学》作为第一辑,以陈子展的《唐代文学》作为第三辑,而以中凡先生的《汉魏六朝文学》作为第二辑,按照该社编辑部的观点,中凡先生的这部书应该作为文学史来读。的确,这部《汉魏六朝文学》,体现了中凡先生的史识,他是从文学发展史的角度来立论的。全书分五章,第一章总论汉魏六朝文学在中国文学史上的地位,他指出苏东坡评论韩愈"文起八代之衰",后来的学者便误认东汉、魏晋、六朝和隋代是文学的衰世,而阮元在《文言论》和《书文选叙后》提出不同意见,颇有争议。中凡先生不尚空谈,而强调实证,他认为八代文学究竟如何,应看具体的作家作品才能下结论。为此,他决定撰写此书,从史家的主体意识出发,理出汉代文学发展的两条线索,一条是黄河流域的诗歌传统影响于汉代的乐府,另一条是长江流域的楚辞传统影响于汉代的辞赋。书中特辟"建安文学"专章,论述建安文学的复兴有四个方面的因素,一是思想解放,二是学术变迁,三是平民文学复兴,四是文会发达,所举例证十分确切。至于讨论魏晋和南朝文学,都能着眼于时代和社会的原因来评估文学流派的嬗变。特别是最后一章论北朝文学的复古运动,对隋唐文学有重要影响。通过全面的考察,中凡先生的结论认为:汉魏六朝文学是上承周楚、下启隋唐的枢纽。这一见解无疑是十分中肯的。

《水浒传》、《红楼梦》和中国戏曲史的研究

中凡先生治学的特点是能紧跟时代的步伐不断创新,勇于开辟自己独立向学的途径。他早年虽出于传统学派刘师培的门下,但他没有钻到故纸堆里固步自封。1919年,他在北京参与"五四"新文化运动,追随蔡元培、陈独秀,宣传"科学与民主",坚决支持新文学。陈独秀在北大任文科学长时,曾大刀阔斧地改革文科,在国文系增设词、曲、小说三门新课。中凡先生受此影响,

也开始对戏曲小说发生了兴趣,他曾跟吴梅学唱昆曲,又曾精读《水浒传》和《红楼梦》。1948年4月和10月,他在上海《文讯》杂志八卷四期和九卷四期先后发表了《红楼梦试论》和《论水浒传》两篇研究小说名著的论文。特别是署名陈觉玄的《红楼梦试论》,长达一万三千多字,这是他运用社会学和文艺思潮论相结合的新方法研究《红楼梦》的力作,受到红学史家的高度重视,人民文学出版社1976年编印的《红楼梦研究参考资料选辑》(第三辑)和中国社会科学出版社1998年编印的《红楼梦评论选》都加以选录,但编者不知陈觉玄是谁,《评论选》的注释说:"生平事迹不详。"其实觉玄是中凡先生的别号,这里应表而出之。中凡先生在这篇论文中认为贾宝玉和林黛玉是清代前期新的人性意识的觉醒者,他从小说文本的具体描写中举出了八个特征来进行论证,并从社会背景和时代精神揭示其根源。他说:

> 新的社会阶层不满于封建教条之束缚,而要建立自身的新文化,这就是对封建制度作斗争的新知识群之意识形态。其特征就是人们自我之醒觉与发现,强调人类性去反抗封建的传统,对抗中世纪礼教的人生观,把人性从礼教中解放出来,于是有新型人性之新理论的建立,便形成了清初的启蒙思潮。

这种进步的思想观点超过了胡适和俞平伯对《红楼梦》的认识,在当时是难能可贵的。

解放以后,中凡先生在南京大学中文系执教期间,为了教学的实际需要,他改变了过去研讨先秦诸子和汉魏六朝文学的学术路数,转而主讲宋元明清文学史。这是他治学道路的一大转折,是一种新的开拓。1953年,他还为中文系三年级学生新开了《水浒研究》的专题课,编发了十多万字的讲义,后从中整理出一篇《试论〈水浒传〉的著者及其创作时代》,发表在《南京大学学报》1955年第1期。接着,他又写出了《〈红楼梦〉作者曹雪芹的世界观和创作方法》,发表在《南京大学学报》1956年第3期。

中凡先生专攻中国戏曲史是从1956年开始的。那年春夏之交,浙江昆苏剧团进京演出新编昆剧《十五贯》,誉满京华,获得了巨大的成功,《人民日报》在5月18日发表《从"一出戏救活了一个剧种"谈起》的专题社论,轰动了全国文艺界。中凡先生为此大受鼓舞,决定为学生开讲《中国戏曲史》的新课,并开始培养戏曲史专业的研究生。他力主在南大恢复曲学大师吴梅的优良传统,提倡理论与实践相结合,坚持为研究生开设昆曲课。他认识到戏曲是综合艺术,只有懂得它的音律声腔,掌握剧种的特点,才能深入探究。这种教学主张无疑是十分正确的。

中凡先生对戏曲史的研究弥具盛心,1958年9月,他在南大中文系创办了戏曲研究室,担任了首届主任。他善于吸收新观点和新方法来研究新课题,先后在《戏剧论丛》、《江海学刊》、《文学评论》等期刊上发表的戏曲论文有二十多篇,如《关汉卿杂剧中现实主义与浪漫主义相结合的范例》、《南戏怎样改编关汉卿的〈拜月亭〉》、《关于〈西厢记〉的创作时代及其作者》、《论纪君祥的〈赵氏孤儿〉杂剧》、《从历史素材到〈赵氏孤儿〉杂剧》、《高明〈琵琶记〉评价的再商榷》、《汤显祖〈牡丹亭〉简论》、《〈牡丹亭〉的反封建主题》等(均已收入《陈中凡论文集》),在戏剧界很有影响。他治学勤奋,孜孜不倦,七十三岁以后还有三大宏愿:一是撰著《中国戏曲史》(已写出宋代以前的剧史六章和元人杂剧史三篇);二是探究中外戏剧理论;三是考释戏曲的俗语,编纂《宋金元戏曲方言俗语辞典》。正当他志在千里、壮心不已的时候,不料"文革"的恶浪冲掉了他的一切计划。拨乱反正以后,特别是在党的十一届三中全会以后,中凡先生虽已九十高龄,但他对民族戏曲的继承与创新仍充满了希望,他参加了"两省一市昆曲工作座谈会",对江苏省昆剧院的恢复感到无比的欣慰。这种对戏曲事业锲而不舍的精神,是永远值得我们学习的。

(2002年3月写于南京大学中文系)

查锡奎

经历三个不同历史时代的
著名学者陈中凡

陈中凡是江苏盐城人。原籍江西九江。幼年随叔父陈玉树读书,打下比较坚实的国学基础。1903年离开家乡,先到镇江承志中学,次年转至淮安中学堂。1909年又来到南京两江师范学堂求学。1914年考入北京大学,三年后成为北京大学中国哲学门(系)的首届毕业生,以其品学兼优而留校任职。此后,他历任国立北京女子高等师范、东南大学第一任国文系主任,国立广东大学、暨南大学第一任文学院院长,并先后在中山大学、大厦大学、金陵女子文理学院等十余所高等院校任教。1951年8月任金陵大学文学院院长,1952年全国高等学校院系调整时转入南京大学,为一级教授。他除从事教学、科研工作之外,还担任第三、四、五届全国政协委员,第四届江苏省政协副主席,民盟中央委员、民盟江苏省委主委,江苏省人大代表,江苏省文史馆代馆长。

陈中凡是国内外著名的教育家和学者。他一生经历了我国旧民主主义革命、新民主主义革命和社会主义革命三个历史阶段。他积极参加辛亥革命和"五四"运动。在国民党统治期间,他曾多次拒绝当局对他的拉拢,表现了一个正直、爱国知识分子的良知。抗战时期,他拥护中国共产党提出的抗日民族统一战线,热情支持国统区的民主斗争。建国后,他忠诚于党的教育事业,积极参加各项政治活动和社会活动。即使在生命垂危的时刻,他还关心振兴中华之大业,真是桑榆恨晚报国心切啊!

求学求知求真之路

陈中凡原名钟凡,字斠玄,别名少甫,号觉元、觉玄。1888年9月29日生于江苏省盐城上冈镇七里庵乡(今属建湖县)的一个书香门第。其祖父陈蔚林是诸生,善治《毛诗》。父亲陈章甫,廪生,曾赴江宁应试未果;母亲徐氏,盐城人,为人贤淑;叔父陈玉树(或作澍)是举人,为近代诗人和经学家。因父亲在外谋生,家中仅中凡母子孤苦相依,家境窘迫,叔父陈玉树便成了他的启蒙老师。他跟随叔父读诗学经,读二十四史。叔父为人正直,不趋炎附势,平日自勉"不受一自辱之钱,不作一近耻之事",对陈中凡影响很大。1900年(光绪二十六年)北京城爆发义和团运动,八国联军占领北京,帝国主义强迫清政府签订不平等条约,我国大量白银外流,政治、经济、军事进一步恶化,真可谓"天下骚然,民不聊生"。这一段羞辱历史,陈中凡是亲闻亲见者。1903年,他15岁时便离家来到镇江承志中学。学习期间,受教师叶仲清的影响,在校参与反清活动并加入章炳麟发起的光复会。次年又转至淮安中学读书。这时,他叔父陈玉树应两江总督周玉山之聘,去三江师范学堂任教务长(第二年,三江师范学堂改称两江师范学堂)。1909年陈中凡便考入南京两江师范学堂读书。学习期间,他因周末常到金陵刻经处听讲佛经,渐渐对中国哲学感兴趣。1911年10月,辛亥革命爆发,广大爱国青年学生积极加入这一革命洪流,陈中凡经两江师范学堂学监汪律本的介绍,毅然参加辛亥革命,并在革命军中任书记官。其后二年他因病在家休养。1914年陈中凡考取北京大学文科哲学门(系),当返回家时惊悉母亲于前一天不幸病逝。他为自己未能尽孝而痛心哀悼不已。是年8月他再回京师,开始为期三年的北大学习生活。在北京大学学习期间,他接受以蔡元培为代表的资产阶级民主思想,赞同"五四"运动以科学与民主的思想摧毁传统的封建礼教,要求个性解放。他与一些进步学生一起,不顾自身安危,毅然聘请李大钊、李达、邓初民等早期马克思主义者讲学。他所以能力主去聘请这些进步学者讲学,是和当时北京大学文科学长陈独秀锐意改革文科教学的影响密切相关的。

1917年陈中凡在北京大学毕业,因品学兼优而留在北大工作,任北大预科补习班国文教员,同时入文科研究所为研究生,并获得江苏省的津贴补助。

陈中凡在北京大学深得蔡元培校长的赏识。1918年他参加蔡元培发起组织的进德会,为树立新北大良好校风起模范带头作用。他信守会章中的"三不"诺言(即不做官、不纳妾、不吸烟)。是年10月,北大《国民》杂志社成立,他被选为编辑股干事;次年1月,《国民》杂志社正式创刊,陈中凡是编委之一,并经常撰文在该刊连载。许德珩在《纪念五四运动六十周年》一文中提到过这件事:"这个刊物的目的是宣传爱国、反帝、反军阀、反卖国贼。担任编委的有:邓中夏、黄日葵、高尚德、陈实锷、陈中凡、马骏、许德珩等,并请李大钊同志来指导。"所以陈中凡那时已成为一名爱国的民主战士,从此,他走上追求科学、追求民主、追求真理之道。

学识渊博,中凡"不凡"

陈中凡不仅热爱祖国,早年投身民主革命,而且刻苦学习,是从苦难中跋涉过来的学者。他勇于争鸣,建树良多。"中凡真不凡",是上海复旦大学著名教授蔡尚思在陈中凡教授100周年诞辰时所写纪念文章的题目。正如蔡尚思教授所评价的那样,陈中凡的一生是不平凡的一生,其学术思想最不平凡之处有五点:

第一是博通。他嗜书成癖,满腹经纶,经、史、子、集四部皆通。他对文字学、文学、艺术、史学、考据学、哲学、宗教学、教育学、目录学、校勘学等是无所不学,无所不包,无所不通。他的著作经学方面的有《经学通论》,哲学方面的有《中国民主思想发展史》,文学方面的有《中国文学批评史》、《中国韵文通论》、《周秦文学》、《汉魏六朝文学》和《汉魏六朝散文选》,教育方面的有《民主与教育》,综合性的著作有《古书读校法》、《清晖山馆散文集》、《清晖诗文集》等。

第二是专长。陈中凡既博又专,是个多面手。他的主要专长是中国文学史和艺术史。他的专著《中国文学批评史》一书,1927年由中华书局印行出版后蜚声中外。十多年后,中国文学批评史方面的研究专家郭绍虞、朱东润、罗根泽等无不受了他的影响而各自写出一部同类著作,他们对陈中凡念念不忘。

第三是勇于争鸣。陈中凡文学上经常发表与人不同的见解。他曾以《〈牡丹亭〉的反封建主题》、《关汉卿杂剧中现实主义与浪漫主义相结合的范例》等论文,与戏剧方面的专家杨晦、赵景深、王季思等人展开热烈的讨论,其意义深远。

第四是广交新旧师友。陈中凡既有许多以旧学问著称的老师,如刘师培、黄侃、陈汉章等;又有许多以新思想闻名的师长如蔡元培、陈独秀、李大钊等。在同学中则有鲁迅、沈志远、马哲民、李达、邓初民、顾颉刚、许德珩、胡小石、孙德谦等人。陈中凡的学生更是"桃李满天下",其中成名者为数很多。

第五是与时俱进。陈中凡在清末就参加光复会和辛亥革命,后加入国民革命军,积极支持北京女子高等师范学生争取自由平等的女权运动。他反对盲目复古的学衡派,不赞成提倡尊孔读经。尤为可敬可佩的是在旧中国时他就能率先初步学习马克思主义理论。陈中凡的师友如陈独秀、李大钊、鲁迅、李达、沈志远、马哲民、嵇文甫等都是新派理论家。陈中凡在暨南大学期间,曾聘请许德珩、李达、邓初民等一批进步人士为学生开讲唯物主义学说。其标新立异之追求,在当时来讲真可谓中凡的不平凡之处。

"兼容并包"和创新的学者风范

陈中凡受北京大学校长蔡元培"学术思想自由"的影响较大。他在学术研究、办学方针、广交朋友方面，都实行"兼容并包"。同时，在治学方面不断创新，不断地学习研究和接受新事物新思想，勇于开辟学术新途径。早年他虽先跟叔父后又受业于刘师培专攻经史，从中得其精义，并撰写了《经学通论》，但没有从此就钻进故纸堆中固步自封，而是紧跟时代的发展。1919年，他在北京参与"五四"新文化运动，追随蔡元培、陈独秀宣传科学与民主；1933年，他在上海接受"左联"的影响，转向"普罗文学"；1937年抗日烽火燃遍祖国大地的岁月中，他不怕艰险长途跋涉到抗战后方重庆、成都，参加"中华全国文艺界抗敌协会"，并以实际行动创作诗歌声讨日本侵略者，为抗日救亡而奔走。同时还在他的诗作《清晖吟稿·待旦集》中以五言古体诗《金陵叟》来揭露和控诉日寇南京大屠杀的暴行，充分表现他的报国之志。

1949年6月，他接到"中华全国文学艺术工作者代表大会"筹委会主任郭沫若、副主任茅盾、周扬的联名邀请，赴北京出席第一次"文代大会"并当选为大会的主席团成员。回南京后，他积极贯彻全国文代会的新精神，遵循文艺为工农兵的方向，开始从事民间文学和通俗文学的研究，并担任南京市文联副主席。为此，他还在南京大学中文系的教育科研工作中，由过去研究先秦诸子哲学和汉魏六朝文学史转至主讲和研究宋元明清的民俗文学，这既是他学术道路上的一大转折，也是他治学道路上新的开拓和创新。他一边讲学，一边发表有关小说戏曲研究的论文。从1956年始，陈中凡受到《十五贯》救活昆剧的鼓舞，决定新开讲《中国戏剧史》的课程，同时招收戏曲史专业的研究生，培养接班人；还特请昆曲家俞振飞到南京大学开设昆曲课。陈中凡这一教学革新，不但把昆曲而且还把昆曲艺人引入高等学府的殿堂。他的做法引起了不同的看法。可年逾七旬的陈中凡认为："在封建社会里，戏曲是被人瞧不起的,是不登大雅之堂的,直到辛亥革命以后,大学里仍旧只准讲正统文学的诗文。陈独秀到北京大学担任文科学长后,第一桩事就是改组文科,在国文系增设词、曲、小说三门新课,特聘吴梅(曲学大师)担任北京大学的词曲教习。这是我国大学里第一次有戏曲课,可以说是一次教育革命。当时也曾遇到正统派的反对。1922年秋,我把吴梅先生从北大聘请到南京,在本校终身主讲词曲,培养了一批词曲专家,彻底打破了过去的词曲为小道的旧观念。今天我们对青年一代的教育,绝不能倒退到'五四'运动以前,用封建意识或虚无主义的态度来对待民族戏曲!"陈中凡的这一席话,显示出一位老教育家的胆识和真知灼见。由于他的坚持,南京大学中文系的昆曲课才一直坚持发展,还先后培养出一批曲学人才,成为研究中国戏剧史的生力军和接班人。如今,联合国国际教科文委员会已把中国的昆曲列为国际重点保护的古文化遗产,而一个地方戏剧曲种获得如此殊荣,在国际上还是第一次。在这一点上,陈中凡功不可没。

陈中凡的创新精神还突出表现在理论联系实际的研究方法。他指出,搞戏曲的人必须结合实际,面向社会,而绝对不能把自己关在象牙之塔里闭门造车。他经常带研究生去观摩各个剧种的演出,经常发表鼓励推陈出新的剧评。他曾撰写《从"杨家将"故事的改编谈处理戏曲遗产问题》、《看越剧"碧玉簪"的演出》、《谈越剧改编"桃花扇"的新成就》和《对传统戏曲推陈出新之我见》等论文,在戏剧界获得一致好评。陈中凡潜心研究发表的一批戏曲史的学术论文,如《南戏怎样改编关汉卿的〈拜月亭〉》、《关于〈西厢记〉的创作时代及其作者》、《从历史素材到〈赵氏孤儿〉杂剧》、《高明〈琵琶记〉评价的商榷》、《汤显祖〈牡丹亭〉简论》二十多篇论文,具有重要的学术价值。

家庭 师生 挚友

陈中凡为人朴实坦率,热情豪爽,刚正不阿,一生勤奋治学,勇于探索。

他立身行事为人师表,始终牢记参加蔡元培创立的进德会时的承诺:"不做官、不纳妾、不吸烟","读书、教书、著书"。他夫人王志英,也是盐城人,为人勤劳贤淑。她虽识字不多(陈中凡在履历表上填写为"半文盲"),可知情达理,生儿育女,操持家务,不辞辛劳,照顾着陈中凡及六个儿子一个女儿的家庭。她和陈中凡相濡以沫,相敬如宾。她活至九十三岁,等她一走仅几个月,陈中凡就相随而去了,可见俩人感情之深厚。

陈中凡读书时的"三不"后发展为新的"三不",即"不做官、不入党、不接受任何人津贴"。1925年至1926年他在苏州东吴大学兼课时,当局电邀他担任江苏省教育厅厅长,被陈中凡拒绝。1934年陈中凡短期失业时,国民政府教育部长陈立夫曾约他谈过一次话,可终因"话不投机,不欢而退"。此后他就用新的"三不"来律己。建国后,他通过学习提高了思想认识,对共产党、新中国充满信心。在陈敏之的介绍下,他改变初衷参加了中国民主同盟。

陈中凡一生中结交了很多师友。对这些师友,他都能真诚相处。即便是对名节上有亏的老师刘师培,他也能从人道主义出发,在其晚年贫病交迫之际善加照料,使其叔父及家属非常感动,特地写信表示感谢。陈中凡与门生弟子更是充满着深厚的师生情谊。他的学生苏雪林在信中就满怀深情地写道:"吾师于林等关爱之情有逾慈父。"陈中凡的挚友中还有一大批文学、史学、哲学和美术界的名人,如书法、美术界的黄宾虹、吕凤子、关山月、叶恭绰、高二适、赵熙等;文史界的欧阳竟无、唐文治、陈衍、鲁迅、徐志摩、苏雪林、姚雪垠、冯友兰、蔡尚思、任中敏、吴组缃和受他资助的唐圭璋等。陈中凡与他们交往中既重其学术成就更重其人品,挚友间肝胆相照,相互尊重,从而结下了深厚情谊。

现仅举三例。其一是1935年1月,陈中凡在中山大学任教时,得知自己的老师陈独秀被国民党关在南京老虎桥监狱,便不顾自身安危特地从广州赶回南京探监。1937年8月陈独秀获释出狱时,陈中凡亲自去监狱把陈独秀接到南京自己的家中住了半个多月,然后送至四川江津。其二是著名的词学家唐圭璋幼年父母双亡,生活十分贫困,是由梁启超推荐的穷苦学生,陈中凡当时是系主任,被唐圭璋夜以继日的苦读精神所感动,亲自为唐圭璋安排勤工俭学,并请他到自己家中做家教,待之亲如兄弟,使唐圭璋终生难忘。其三是为了纪念和学习鲁迅,供研究鲁迅者参考,陈中凡在1976年7月曾写过一篇回忆鲁迅的短文《鲁迅到西北大学的片断》。文中写道:

一九二四年七月,我三十五岁,应陕西教育厅及西北大学之约,赴西安讲学。东南大学政治系教授刘静波(文海)同行。……越日,鲁迅、夏元瑮、王桐令、孙伏园自北京南下,偕同西行。次朝,苍蝇哄鸣,扰人清梦,鲁迅说:"《毛诗·齐风》所咏:'匪鸡则鸣,苍蝇之声',于今朝验之已。"

夏元瑮过洛阳时,特访吴佩孚。吴问他在北大教什么课?夏答:"担任新物理中电子研究。"吴指壁上所悬八卦图,问:"此中亦有阴阳变化奥妙,能为我阐述否?"夏答:"此旧物理,与新物理非一事。"吴说:"旧有旧的奥妙,新有新的道理。"事后,众闻夏谈及此事,大笑。

鲁迅说:"这也是苍蝇之声耳。"

众问刘(静波)教何课。刘答:"研究国际问题中的大国家主义。"

鲁迅说:"是帝国主义吧? 其扰乱世界,比苍蝇更甚千百倍。"

又有人问:"五四运动时,蔡孑民(元培)在天安门宣布:'只有洪水能消灭猛兽,这些蝇营狗苟的琐屑,自当同时消灭否?'"

鲁迅说:"这虽是小题大做,将来新中国自有新环境,当然把一切害人虫,一扫精光。"

这片断回忆中陈中凡对鲁迅善于讽刺旧社会及统治者的描述十分传神,足见他对鲁迅了解甚深刻也。

幸福的晚年

粉碎"四人帮"时陈中凡已是近九十岁的老人,但他和全国人民一样,精神振奋,欢欣异常。他从1978年至1980年还是每年去北京一趟,参加全国政协的全体委员会议,并列席全国人大会议,关心和参加讨论国事。1980年,他在北京参加会议时,应北京图书馆《文献》丛刊编辑部之邀,为《中国当代社会科学家》一书撰写了"自传",其中有这样两段话表达了他的心声:"我决心以有生之年,竭尽绵力,为祖国早日实现'四化'作贡献";"学校的党政组织对我们老教师关心照顾无微不至。比起旧社会老人的晚景凄凉,时有失业之虞来,我内心充满了幸福感,热切希望我国广大的社会科学教育工作者,安定团结,朝气蓬勃,在党的领导下,和全国人民一道,同心同德,为祖国的'四化'建设作出卓越的贡献"。他把自己多年收藏的图书、字画、古物等分别赠送给自己任教的南京大学及南京博物院,又把自己建造的三幢房屋赠送给国家办大学。

1982年7月22日,陈中凡病逝。他的追悼会由江苏省政协主席包厚昌主持,南京大学党委书记章德致悼词。悼词中说:"陈中凡教授的逝世是我国教育界、学术界的一大损失。陈中凡教授一生追求光明与进步。他服务教育事业的奋发精神,他耕耘学术园地的刻苦精神,他坚定不移的爱国主义精神,他热爱党、热爱社会主义的革命精神,永远值得我们学习。"

(原载《钟山风雨》2002年第4期)

方继孝

陈中凡的"三不"与"三书"

陈中凡先生原名陈钟凡,早年曾就读于作为南京大学之源头的南京两江师范学堂,又曾任教于作为南京大学之前身的东南大学、金陵大学,而从南京大学在1952年定名之时起,他就是该校资深教授,直到1982年以九十五岁高龄逝世,他可以说是南京大学历史的见证人。

陈中凡先生生平有"三不"、"三书"之说。"三不"者,不求人、不求名、不求利。"三书"者,读书、教书、著书。他的寓所是一处花园洋房,名曰"清晖山馆",取于阮籍的"微风吹罗袂,明月耀清晖"和谢灵运"昏旦变气候,山水含清晖"的诗意。中凡先生喜爱"清晖"的神韵和意境,以陈拾遗老人的手书刻石镶嵌在大门右侧,昭昭然向世人表露着他对一种文人品格的追求。不与世事、清高放达正是对他的"三不"与"三书"的一个带有诗意的注脚,说明他所追求的文人品格是:清心寡欲、人格独立、精神自由。

中凡先生1917年毕业于北京大学哲学系(当时叫哲学门),留校任预科补习班国文教员。受蔡元培的影响,他与新旧各派均有来往,不论做学问还是交朋友,均持"兼容并包"的态度。他在北京大学学习与任教期间,与陈独秀、李大钊、胡适、刘师培、黄季刚等新旧左右各派人士均有交往。他与陈独秀私交甚笃,但按照他的"三不"主义,并不参加陈独秀组织领导的党派政治活动。抗日战争爆发前,陈独秀在南京被保释出狱后,先在傅斯年府上住,后在陈中凡家住了一个多月。临别时,陈中凡仍劝陈独秀说:"你那党务,我看不要再搞了。"陈独秀则和诗告别陈中凡这个耿耿忠心的老学生:

莫气薄大地,憔悴苦斯民。豺狼骋郊邑,兼之惩尘频。悠悠道途上,白发污红尘。沧溟何辽阔,龙性岂能驯。

几年之后,陈独秀病死于四川江津,陈中凡发表文章悼念他,还写了一首充满情感的诗《哭陈仲甫》。

陈中凡与李大钊的交情也很深。在他担任北京女高师国文部主任兼教员时,革除学校封建保守习气,邀请北大新派教授(如李大钊、胡适等)与"国故派"教授(如刘师培、黄季刚等)来校讲课。李大钊讲"社会学"与"女权运动史",新理论、新方法颇受欢迎,陈中凡与他的个人友谊也加深了。后陈中凡到南京东南大学任教,仍与李大钊有书信往来。1927年李大钊被军阀杀害,陈中凡闻讯大悲。1937年,李大钊遇害十周年,陈中凡有《纪梦》一诗,表现了他对旧友的敬仰与思念。诗中记他在梦中与李大钊见面,"共执手兮道故,情抑塞兮忿捐","魂骇汗兮惊觉,身伏枕兮情牵"。

中凡先生晚年专攻"中国戏剧史"。二十世纪六十年代初,他讲授"中国戏剧史"课中的秦乐舞到元代杂剧部分。戏剧是综合艺术,中凡先生授课并不仅仅停留在文字功夫上,讲到得意处,手舞足蹈。有回忆文章说,他有一次讲《西厢记》,唱起"佳期"一折的"彩云开,月明如水浸楼台"一段,运腔吐字用力过大,以致把一口假牙全喷出,但他从满是粉笔灰的讲台上拾起假牙,用手帕轻轻一擦,装进嘴里继续唱,引起哄堂大笑。

中凡先生在授课之余,还参与了许多著作的校注工作。我曾在古籍出版社的旧卷宗中发现中凡先生于1959年3月5日写给古籍出版社的一封信，信中即提到了他修订《元遗山诗》，校注汪元量《湖山类稿》、《水云词》事。

古籍出版社诸同志：

前月接黄建新同志来信，当即分别致函陈庆麒及田楚侨两同志，嘱其直接与你社接洽。

建新同志嘱我担任的工作，谨复如下：

南大中文系教员戚法仁同志曾为你社选注《元遗山诗》，于1958年春寄上海中华书局，旋于5月20日接你社复书，提出修正意见多条。法仁同志于暑中逝世，现在学校嘱我代为完成。我以正编写并讲授《元人杂剧》，约8月份毕事，9月份定稿，10月后修正《元遗山诗》，今年年底能奉缴，这是第一项工作。

次则嘱我校汪元量《湖山类稿》及《水云词》。关于这项校勘工作，法仁同志曾经着手做过，今托人到他家中遍查不得，只在过录"王国维水云集湖山外稿校语摘录"本中央有一纸，写"《水云词》六个本子校语"字样一条，曾再四嘱其遗孤检寻《水云词》元本无着，寻所谓"六个本子校语"亦不见，是否已寄上海你社？祈代为查寻，如能查出，即免得重复，如须改正，当仍由我负责，否则只有从头做起了。法仁同志曾为此亲赴北京图书馆二月余，如此，则非前往北京不可，容续商之。

以建新来信说："拟往湖北、四川组稿"，故另致诸同志函奉告。并致敬礼！陈中凡拜启。3.5.

信中提到的戚法仁，是南京大学教授，我曾见过一本内部铅印的《先秦散文选》，由罗根泽编，戚法仁注，是小32开本。这本书后来由人民文学出版社正式出版，八十年代初还再版过。

（原载方继孝《旧墨三记：世纪学人的墨迹与往事》，北京图书馆出版社2007年）

姜丽静

陈中凡的到来

陈中凡即将执教专修科的消息不胫而走,在女生中迅速传开。女生们并没有坐等新教师的到来,而是开始利用各种途径多方打探这位新教师的情况。探听的结果看来让她们非常满意,也充满期待。

程俊英的父亲程树德,当时正在北京大学担任法科的教授,作为北大的一名资深教授,[1]程树德不见得会对陈中凡——个小小的预科补习班教员和北大哲学门的年轻后生——有太多的兴趣和印象,因此俊英从父亲那里可能并没有得到关于陈中凡的确切消息。但是,在俊英看来,同样置身于变革中的北京大学,一向保守持重的父亲都时常感佩于蔡元培的改革和北大学风的变化,那么刚刚留校不久的年轻教师陈中凡必定会对北京大学的变化更为敏感,对于蔡元培所推崇的"兼容并包、思想自由"的治学取向也更易承受。聪

---

[1] 李贵连、孙家红、李启成、俞江编:《百年法学——北京大学法学院院史》,北京大学出版社2004年版,第93页。顾颉刚:《蔡元培先生与五四运动》,载钟叔河、朱纯编《过去的学校》,湖南教育出版社1982年版,第11页。

明的俊英根据父亲的只言片语便得出这样的推断,并把这种推测转告给其他同学。与俊英所提供的颇为"宏观"的推测不同,淑兰因为大哥冯友兰也在北京大学哲学门读书的缘故,给大家提供了更为细致的信息。淑兰转述友兰的话说:陈中凡是北京大学预科补习班的国文教员,家学渊源,博闻强识,他的治学方法颇受刘师培先生的影响。蔡元培出任北大校长之后,厉行改革,成立了进德会,陈中凡也能敏于求新,积极加入进德会,主张"六不"主义(不做官、不纳妾、不吸烟、不喝酒、不嫖、不赌),颇受蔡校长的影响。经过俊英和淑兰的描述,陈中凡便被女生们想象成刘师培和蔡元培的门生了,一个既具有深厚的国学功底,承续国学大师的治学理路,又能敏于求新,"兼容并包"的人。那么,陈中凡的到来当真值得期待![①]

1918年4月以后,方还仍然是这所学校的校长。没有材料显示女生们在提出撤换老师的要求之外,对学校的其他规定也做出了修改的请求。因此,这个时候的北京女子师范学校就其校内规制而言,可能并没有发生太大变化。该科的教育目的仍以培养女子师范学校、中等学校的教员及管理员为宗旨,女生们的出入仍然受到严密的控制,通知簿仍然是她们往来于学校和家庭之间的必备物品,而女生们在学校的日常言行也照旧受到学监和教职员的时刻关注。但是,伴随着新教师陈中凡的到来,这个学校,尤其是国文专修科即将发生一些悄然而又深刻的改变。

陈中凡,又名陈钟凡,字觉元,别号斠玄,清光绪十四年八月二十四日(1988年9月29日)出生于盐城县上冈镇七里庵乡(今属建湖县)的一个书香门第。中凡的祖父松岩,善治《毛诗》,著有《诗说》二卷。父亲玉冠(章甫)以塾师为业。[②] 叔父玉澍,光绪十四年戊子举人,曾出任盐城尚志书院山长、南京两江师范学堂教务长,有《毛诗异文笺》、《尔雅释例》和《后乐堂诗钞》等书

---

① 程俊英:《回忆女师大》,《档案与史学》,1997年第1期。
② 姚柯夫:《陈中凡教授传略》(1983.12),载陈中凡著、柯夫编《清晖集·附录》,北京书目文献出版社1987年版,第316页。

行世。叔父平生以"耽学乐道,不慕荣利。黾勉教诲,赤心正人"自勉。中凡幼年跟随叔父读书,历时五载,乃叔喜其聪颖,以曾参"少讽诵、壮议论、老教诲"相勉。随学期间,中凡不仅打下扎实的国学基础,也受叔父的思想影响至深。① 光绪二十九年(1903)中凡进镇江承志学校,宣统元年(1909)入南京两江师范学堂(今南京大学前身),因课余常到金陵刻经处听讲佛学,遂对哲学发生兴趣。宣统三年八月,听闻武昌革命军兴,中凡毅然投笔从军,任江苏第一军书记官。民国三年(1914)考入北京大学哲学门。师从陈黻宸(介石)、陈汉章(伯弢)等人。② 1916年底,蔡元培出任北大校长,锐意改革,去除积弊,使北大学风焕然一新。蔡元培对大学宗旨的重新定义及其鼓励学生致力学术研究、以研究学问为天职的主张使中凡深受鼓舞。响应蔡元培的号召,1917年3月,陈中凡和冯友兰等人率先发起成立北京大学的第一个研究性社团——北大哲学会。中凡亲撰《北大哲学会启》,表达其欲与师友交相策励,商榷古今中外各家哲学的心志。③ 1918年1月,蔡元培发起成立进德会,中凡积极加入,成为乙种会员,主张六不主义,从此养成超政治观念,既承续乃叔"耽学乐道,不慕荣利"的精神,又顺应知识分子现代转型的一种崭新立场:抱定"三书"(读书、教书、著书)的治学理想,以学术研究为其终身志业。④

1917年夏,陈中凡毕业,因成绩优异被蔡元培留校,担任预科补习班的国文教员。在科层制依旧森严的北大,预科补习班教员还很难和本科教授相比。1917年4月留日归来的周作人在得知暂教预科时,即决定拂袖而去,更

---

① 陈中凡:《先叔父惕庵府君行述》,载陈中凡著、柯夫编《清晖集》,北京书目文献出版社1987年版,第119—121页。
② 陈中凡:《自述读书时事》,《陈黻宸年谱》,载陈德溥编《陈黻宸集》(下),中华书局1995年版,第1216页。陈中凡在北京大学哲学门师从陈黻宸三年,对此,陈中凡记曰:"余肄版成钧,从先瑞安师讲学三年,其所启悟者甚众。论难发蒙,欣然交契,师生之谊,何减天伦。"见陈中凡:《先师陈君哀词》,载《清晖集》,第177—178页。又载陈德溥编:《陈黻宸集》(下),中华书局1995年版,第1231页。
③ 陈中凡:《北大哲学会启》,载陈中凡著、柯夫编《清晖集》,北京书目文献出版社1987年版,第142—143页。
④ 陈中凡:《陈中凡自传》,载《中国当代社会科学家》(第一辑),北京书目文献出版社1985年版,第1页。

别说附设于预科的补习班。① 然而,对于国内大学毕业又无显赫师承的陈中凡来说,能在中国最高学府拥有一方自己的讲坛,又时时浸润于浓厚的学术氛围之中,实现读书—教书—著书的治学理想便指日可待。由此,从补习班教员慢慢晋升为预科教员和本科教授并非没有希望,而职位的升迁也将是自身学业精进的外在显现。刚毕业时,陈中凡一定有过这种向往,并为此勤奋努力,刻苦攻读。1917年秋季,北京大学设立研究所,陈中凡在教学之余,入所为研究生,寻求进一步的深造机会。② 很可能在这时陈中凡拜在刘师培门下,成为刘申叔的及门弟子,并与黄侃交厚。③

在陈中凡留校不久,新文化运动的主要知识分子陆续进入北京大学,文学革命开始在北大和社会各界引起反响。从1918年1月起,《新青年》杂志开始由北大六名教授轮流主编,并全版改用白话文刊行。与文学革命相呼应,陈独秀自出掌北大文科以后,也开始推进北大文科的教育改革。其改革的重点之一就是在预科推行白话文和新文学,附设预科的补习班自然要与之衔接一气,于是,以研究和教授古文为业的陈中凡继续待在补习班便显得"不甚相宜"。④

---

① 周作人:《知堂回忆录》,香港三育图书有限公司1980年版,第312—316页。
② 陈中凡:《陈独秀先生印象记》,《大学月刊》1941年第9期,原文署名"觉玄"。
③ 在陈中凡自述中并未提及拜入刘师培门下,更没有提到具体的时间,但是,从陈中凡执笔《仪征刘先生行述》[见《刘师培全集》(第一册),中共中央党校出版社1997年版,第14—15页]撰写《刘师培〈周礼古注集疏〉跋》("中华建国之八年秋九月,钟凡北旋故都,谒先师仪征刘君于寓庐。君以肺病沈绵……"刘师培在病危时嘱托遗稿整理刊印事宜。见陈中凡著、柯夫编《清晖集》,北京书目文献出版社1987年版,第247—248页),可以断定陈中凡曾师从刘师培无疑。陈中凡的弟子们大多认为1914年陈中凡入北京大学哲学门读书后即师从刘师培,并认为当时蔡元培已执掌北京大学,笼络刘师培等学者,遂有陈中凡从其游的事情(姚柯夫:《陈中凡教授传略》,载吴新雷编《学林清晖——文学史家陈中凡》,南京大学出版社2003年版,第12页)。然而事实上,1916年底蔡元培才接受委派出任北大校长,并于是年秋邀请刘师培任教。因此,这种说法似难成立。1917年秋陈中凡毕业后执教预科补习班,同时入研究所读研究生。而此时刘师培任教北大后,也恰在国文门担任导师,我们推测陈中凡很可能这时成为刘师培的及门弟子。
④ 姚柯夫:《陈中凡教授传略》(1983.12),载陈中凡著、柯夫编《清晖集·附录》,北京书目文献出版社1987年版,第317页。

所幸的是，这年春天蔡元培呈准国务院，把原来的国史馆改归北京大学，更名为国史编纂处。由于国史的编纂工程浩繁，正当用人之际，蔡元培便"顺水推舟"把陈中凡调到编纂处，担任纂辑员。当年正是这份工作把回绝预科教职的周作人挽留在了北京大学，然而，得知这个消息后，陈中凡非常失望，有意回绝。其理由是："对于史学无深造研究，恐难胜重任"，再者"用非所学，必贻素餐之诮"。然而，更为关键的问题则可能在于，陈中凡意识到自己"三书"的治学途径被就此切断，昔日的学术梦想很可能戛然而止。不过，在蔡元培的劝勉下，陈中凡还是接受了。毕竟，在缺少中间一环之后，他仍然可以退而求其次：在史料的整理中继续自己的学术追求。①

但是，对于刚入社会的陈中凡来说，编纂处的工作还是显得过于单调和机械，因此，在编纂之余，他很可能一直在寻觅着施展所学、重返讲坛的机会。所以，当1918年3月，北京女子师范学校的校长方还表示欲聘其为专修科的国文教员时，陈中凡便欣然接受了。

1918年4月到7月，是陈中凡任教北京女子师范学校的第一学期。② 作为初来乍到的新教员，这个教职的得来又十分不容易，在这段时期，陈中凡大

---

① 陈中(钟)凡：《蔡孑民先生对于史学上的计划》，《责善》半月刊，第1卷第2期(1940年4月1日)；引自陈平原、郑勇编《追忆蔡元培》，中国广播电视出版社1997年版，第231—232页。原文署名为"钟凡"。

② 关于陈中凡任教北京女子师范学校国文专修科的时间存在两种说法：一说是1918年的8月；一说是1918年的4月。持第一种说法的是陈中凡自己和他的学生程俊英以及陈中凡的后期弟子。(陈中凡：《陈中凡自传》，载《中国当代社会科学家》第1辑，北京书目文献出版社1985年版，第1页)程俊英：《陈中凡老师在女高师》，载吴新雷编《学林清晖——文学史家陈中凡》，南京大学出版社2003年版，第51—57页。[该文最初载于南京大学古典研究所编：《古典文献研究》(1989—1990)，南京大学出版社1992年版。]姚柯夫编著《陈中凡年谱》，北京书目文献出版社1989年版，第17页；姚柯夫《陈中凡教授传略》，载陈中凡著、柯夫编《清晖集·附录》，北京书目文献出版社1987年版，第317页。第二种说法主要来源于方还致陈中凡的聘函和冯友兰的当时记录，据方还致函的内容和日期来看，在1918年3月25日已与陈中凡商定春假开学后任教，所教课程、内容、薪金都已确定，具体任课时间将在春假内订定，并且月薪72元已经寄赠。(《方还致陈中凡信》的内容参见论文第66页。)女师一学年分为三学期，春假是在"四月一日起四月七日止"《北京女子师范学校一览》，第8页)。据此，如果没有特殊情况，陈中凡应该是在1918年4月7日开学后任教。冯友兰与陈中凡在北大哲学门交厚，冯比陈晚一级，属于陈的学弟，两人曾在1917年共同发起组织北大第一个学术性社团哲学研究会，陈毕业时，冯等还特意欢送。因此，冯对于陈的动向应该是非常清楚的。

概谨慎地执行着方还的教育方案,没有表达太多的个人兴趣,以至于这段时间并没有在他的学生程俊英的脑海里留下太多记忆。一学期以后,陈中凡以其认真的教学态度和扎实的学术功底得到校长和学生的广泛认可,不仅自己得以续聘,还开始扮演老教员的角色,为专修科请来几位大师级的人物。[①] 1919年1月,陈中凡的工作得到进一步肯定,他由一般教员升任国文专修科的级部主任,真正挑起"善良一级之学风,且注意本级中之个人教育,而掌理其一切事务"的职责。[②] 这时,受到激励的陈中凡也开始放开手脚,系统阐述自己的教育理念,并尝试引入新的教育举措。

1918年8月开学的第一天,陈中凡宣布了三项教育计划:(1)延聘北京大学的著名教授前来任教;(2)组建文学艺术研究会;(3)创办研究会刊登载学生自己的作品。[③] 陈中凡之所以推出上述计划并非出于一时的心血来潮,而是基于他对学术教育的长期思考。这年秋,陈中凡应校长方还的邀请,为专修科女生作了一篇题名为《学术进步之途径》的演讲。在这篇演讲中,他循着与蔡元培类似的思路,清晰阐明学术本位的高等教育理念。陈中凡首先考察中国、西欧和印度三方学术变迁的历史轨迹,在他看来:

> 夫学术之道,宜于竞争,不宜于专主,竞争则有异同,有异同则有是

 根据冯在1918年6月毕业前,参观北京女子师范学校后,当即公开发表的一份记录来看,陈中凡当时已在专修科执教,并且他所说的任教内容与方还信中所提也相当吻合,这说明并非一般的推测或泛泛了解。(冯友兰:《参观北京中等学校记》,载冯友兰著、涂汉光纂《三松堂全集》第13卷,河南人民出版社1994年版,第617—618页。)再考虑到陈中凡对1918年8月这一日期的回忆是在六十多年以后,而陈的弟子程俊英和其他后期弟子的相关记述都写于陈这篇回忆文字之后,因此很有可能是直接沿用陈的回忆。因此,我们更倾向于相信第二种说法。

① 《刘师培致信陈中凡》、《黄侃致信陈中凡》,载吴新雷、姚柯夫等编著:《清晖山馆友声集——陈中凡友朋书札》,江苏古籍出版社2001年版,第191—192、223—224页;程俊英:《陈中凡老师在女高师》,载吴新雷编《学林清晖——文学史家陈中凡》,南京大学出版社2003年版,第51—57页。
② "八年一月,开教务会议,请陈斠玄先生为国文科主任",见《北京女子高等师范文艺会刊》(第一期),第4页;关于主任职责参见《北京女子师范学校一览》(1918年),第43页。
③ 程俊英:《陈中凡老师在女高师》,载吴新雷编《学林清晖——文学史家陈中凡》,南京大学出版社2003年版,第51—57页。

非。学术者比较异同,求其孰是孰非,而天下之真理出焉。甲说与乙说对峙,而后有折中之丙说出焉,丙与非丙相对峙,而后有折中之丁说出焉,故春秋时学说最歧而最为发达。……

更考诸欧西……欧西中世乃学术最黑暗时代,即仅有学校教育而无学会之故也。若其上古希腊文明,纯由二三大师,招集徒众发明学理……倡导而成。非学校之模型教育所能成功也。……今日欧西学术之进步,乃在学堂中之学会,而非纯由于学堂断可识矣。……

再征诸印度,其上古文明皆出于婆门教及释迦集众说法之功……是时学会之多,各国无可比伦。而印度学术之精神宏博,近世东西各国亦无可比拟焉。今日印度灭于英,英人设学校以教育之,若言集社,则三人偶语,罪且不赦,故印度人士今日不能创办学会,而反得入学堂焉。然则学堂与学会之比校,其关系学术孰轻孰重?固不待智者而后知矣。

在此基础上,陈中凡得出结论:"学术的发展不在学堂,全在学会",学会昌兴,则学派林立,学术繁荣;学会寂灭,则思想专主,学术衰微。而所谓学会,在他看来,既是大师自由研究,授徒讲学的所在,也是学生自动集合以求学问的机构。换言之,即是一种学者自由研究的学术组织。

陈中凡接着说道,鉴于学术发展与学会之间的紧密关联,西方各国"乃于模型教育之外,令学者自由研究,殆乎今日无一国高等以上学校中而不有各种学会焉"。因此,今日中国的学术发展,不在学校(堂)教育的普及,而全在高等教育中有无大师级的人物,能否引入自由研究的精神,鼓励学者自由研究,广设学会。[①]

陈中凡这次演讲的题目是由方还拟定的,主题为"学术进步的途径"。或许是因为讲题所限,也许是碍于自己只是教员并非校长的特殊身份,陈中凡

[①] 陈中凡:《学术进步之途径》,《北京女子高等师范文艺会刊》(第1期),1919年6月版,讲演,第11—13页。

在这篇演讲中并没有像蔡元培那样旗帜鲜明地喊出对大学和大学生宗旨的重新定位,但是借着讨论学术进步途径的机会,他还是阐述了高等教育在学术发展中不可替代的作用,并委婉指明高等教育的学术定位及其办学的基本方向:延聘一流学者,广设学会,鼓励教师和学生自由研究。据此,为这个预备改组高等师范的专修科,聘请北京大学的一流学者前来讲学,组织学生创立文学艺术研究会,并发行会刊,令其相互观摩,商兑切磋,也自是题中之义。

不难看出,在陈中凡关于专修科教育的思考和设定中,性别和该科师范教育的"特质"并未考虑在内,几千年来一直延续到民国的对于女性心智能力的怀疑和限制以及民国初年对高等师范不同于大学的区分被陈中凡"无声"打破。而这些或许在当时陈中凡的头脑中并不"自觉"的观念将在不久的将来成为主流所向。

由于家学的影响和师承的关系,在校外的那场文学革命甚嚣尘上,已经对正统的文学观念提出挑战,并危机中国传统学术匡廓的时候,陈中凡为专修科请来的一流学者不是别人,依然是国学领域的两位年轻大师——黄侃和刘师培。在新文化运动兴起之前,尽管儒学作为一种维持政治社会秩序的意识形态在清末民初时早已破产,但是,儒学作为一种学术思想,在当时仍然保持着很大的活力,并且居于最高的地位。在章炳麟等人所倡导的国故学中,经学无疑仍高踞首座,以下才是先秦诸子学、史学和文学。而文字、音韵和训诂等小学科目作为研究经学以及其他国故学的根基性学科也受到学界推重。[①]刘师培长于经学,在经学领域,他曾与一代国学大师章炳麟被并称"二叔"(章太炎字枚叔,刘师培字申叔),章炳麟盛赞他的学问是"千载一遇"[②];黄侃作为章炳麟的大弟子,则善治小学,他在文字、音韵、训诂等方面的造诣已能自成家数,并与乃师齐名,时称"章黄之学"。此外,在文学领域,刘师培

[①] 余英时:《中国近代思想史上的胡适》,《余英时文集·现代学人与学术》(第五卷),广西师范大学出版社 2006 年版,第 258 页。

[②] 徐复:《序》,载万仕国《刘师培年谱》,广陵书社 2003 年版。

和黄侃还是"文选派"的两位领军人物,与此前"桐城派"强调"文以载道",崇尚唐宋古文不同,两人主张师法魏晋六朝的文体,重视修辞和骈文的写作。1917年刘师培就职北京大学以后,黄侃和刘师培开始联手合讲中国文学课,使"文选派"一举占领北大讲坛。而姚永朴①也在这一年离开北大,象征桐城文派退出北大讲坛,从此,北京大学便由崇尚唐宋古文转为提倡魏晋六朝文。②

〔原载姜丽静《历史的背影:一代女知识分子的教育记忆》(华东师范大学2008年博士论文)〕

---

① 姚永朴(1861—1939),号仲实,号素园,安徽桐城人。民国后曾任北京大学教授。著有《蜕私轩集》、《蜕私轩续集》、《文学研究法》、《史学研究法》等。
② 司马朝军:《黄侃年谱》,湖北人民出版社2005年版,第119页。

施淑成

敢标独见之开山巨作

——中国第一部《中国文学批评史》述概

陈中凡先生是中国近现代的一位鸿儒大德,尤其是中国文学史和艺术史方面更是首屈一指的超级权威。他的《中国文学批评史》是中国有史以来的第一部。

蔡尚思先生在纪念陈中凡先生百年诞辰的文章《中凡真不凡》中评价道:"陈中凡教授不失为'中国文学批评史'一类著作的开山祖师或首出权威。他著的《中国文学批评史》一书,出版于1927年,由中华书局印行。十年后,这一方面的专家如郭绍虞、朱东润、罗根泽等,无不受了他的影响而各写出一部同类著作。因而郭绍虞等对陈先生是念念不忘的。"(《学林清晖》,第61页)朱东润先生后来著有《中国文学批评史大纲》,他在亲笔书写的《中凡先生悼词》中这样说:"中凡先生文章学识,皆当今第一流,其所作《中国文学批评史》,卓见远识,后来者虽踵事增华,卒未能越其范围也。"(《清晖山馆友声集·附录》)

陈中凡先生认为批评文学,便是"考验文学作品之性质及其形式之学术也"。西方学者的文学批评的方式大致有五类,即指正、赞美、判断、比较及分类、鉴赏,而陈先生研究中国文学批评的历史及现状,提出了文学批评的十二种方式:(1)归纳的批评。将各种特殊的文学,加以说明及分类。(2)推理的批评。借归纳所得之结论,建立文学上之原则及其原理。(3)判断的批评。以推理的批评所得之原则,估量各派文艺之价值,判断其优劣。(4)考订的批评。订正作者原著之误谬,鉴别其真伪并加以取舍。(5)历史的批评。叙述作者之生平与其著述之关系,更推论作者之著作思想与其时代环境之关系;更旁征其所受于前人、时人之影响,及家庭、种族之熏陶,以资论断。(6)比较的批评。分别作者或作品属于某种、某派而加以批评。(7)解释的批评。以一己之意见解释各家作品。(8)道德的批评。主张人生的艺术派者,每以道德为批评之准的。(9)审美的批评。主张艺术的艺术派者,则以审美为批评之准的。(10)印象的批评。对于作品所得之印象,发为读后感焉。(11)欣赏的批评。就作品中之优点,加以欣赏而以公正之眼光进行批评。(12)科学的批评。纯采科学的方法搜集材料,加以比较和评论。陈中凡先生认为,这十二种批评方式中,归纳、推理、判断三者,为一切批评之基础,而历史的批评则又最适宜于研究,这种历史的批评不能"仅综合其时人之意见,参以己意",也就是说必须对于古今各派文艺,进行衡量比较,作"精审之批评"。在这十二种方式中,陈中凡先生最为推崇的则是解释的批评,在他看来"此类批评无殊创作,最宜取法"。这里所说的解释,并非通常语义,而是解释学(诠释学、阐释学)范畴内的意义,即以一定的哲学(含美学)理念对文学作品的意义进行理解与解释。这种诞生于古希腊的学科,真正成为一门科学是在十九世纪,在二十世纪初正是其向现代解释学发展的时段,而陈中凡先生可谓慧眼独具,特别地看重这样的批评方式,这与他的哲学情绪恐怕有着直接的关系。而陈中凡先生的《中国文学批评史》主要是以归纳的批评、推理的批评、判断的批评和历史的批评为主要方式,虽说由于是写史,不能尽展解释之功力,但正如陈中凡先生在该书第二章中所云"敢标独见以示人"。

陈中凡先生《中国文学批评史》确实是一部敢标独见的巨作。它明定了中国文学批评史之演进与脉络，明定了中国文学批评史的典籍与大家，明定了中国文学批评的走向与取向，明定了中国文学批评对于中国文学发展的引导与推动。

中国文学批评史的分期。中国文学批评(文学评论)虽然不像西方早就形成独立学科，但陈中凡先生认为，"古人对于文艺欣赏之余，未尝不各标所见，加以量裁"，如曹丕《典论·论文》、陆机《文赋》、挚虞《文章流别论》，特别是刘勰《文心雕龙》、钟嵘《诗品》两部专著，都可谓中国文学批评的经典与代表，但从一个学科来说，缺乏专门学者，著述或失之于短杂，或断代为书而不能博综今古，或零星破碎，总之"概无统系可寻"。这样陈先生的《中国文学批评史》的第一大任务就是综观古今，对中国文学批评的历史进行分期。陈先生将中国文学批评史分为九期。第一期周秦批评史，这一时期以孔子、卜商(子夏)、孟子、荀子对《诗经》的评论为核心。第二期两汉批评史，这一时期重点在司马迁的文评(诗、史与离骚)、扬雄的赋评、班固的诗赋评和王充论文。第三期魏晋批评史，在陈先生看来这个时期的曹丕、曹植、应场、陆机、挚虞、李充、葛洪等人的论文评诗之作，可谓中国文学批评史的"嚆矢"(开端、先行者)。第四期宋齐梁陈批评史(南朝批评史)，陈先生认为："魏晋文论，虽较盛前世，然斯时文学犹未尝别自成科。自宋文帝于儒、玄、史三馆外，别立文学馆，由是文学特立一科"，而"中古批评之风，莫盛于斯"，正是基于这些判断，陈先生将这一时期的文学批评独立为一期，对范晔的文评、谢灵运的文人评、沈约的声律说以及萧统、萧纲、萧子显、江淹等人的文学批评学说做了一一介绍，刘勰的《文学雕龙》、钟嵘的《诗品》是中国文学批评史的双璧，也是这一时期的重点评述内容。第五期北朝批评史，重点评述的是颜之推《颜氏家训·文论》。第六期隋唐批评史，此一期分为隋代、初唐、盛唐、中唐、晚唐五个阶段，隋代重点评述了文风由浮华靡丽转而务实朴直继而再度浮华靡丽的过程中，文帝与炀帝的作用。初唐主要是授课据成于其时的《晋书》、《梁书》、《陈书》、《南史》、《北史》、《周书》中的文学批评,评述初唐人的文学眼光。盛唐重点评述了李白的复古说、杜甫的清新说和刘知几的史评。中唐评述了韩愈诗文评论,柳宗元、李翱的文评,皇甫湜文人评,元稹论乐府诗,白居易论诗义。晚唐突出评述了尚格律、重神味两大文学取向。第七期两宋批评史,诗评方面重点评述了张戒、陈严肖、胡仔、严羽、魏庆之、姜夔等诗话,词评则重点评述了王灼、张炎、沈义父、李清照等人的词评,骈散文重点评述了陈骙的《文则》,并对宋代古文的取向作了评述,即载道说、明理说、广识说、博学说、养气说等。第八期元明批评史,诗评重点评述了李东阳、李梦阳、何景明、李攀龙、王世贞及公安派及竟陵派的学说,骈散文评重点评述了王慎中、唐顺之、茅坤、归有光等人的学说,词曲评重点评述了朱权、沈德符、王世贞、吕天成、徐渭、王骥德等人的学说。第九期清代批评史,诗评部分重点评述了王士祯的神韵说、屈复的寄托说、王士祯和赵执信的声调说、翁方纲的肌理说、沈德潜的格调说、袁枚的性灵说;词曲评部分重点评述了徐釚、毛奇龄以及浙派朱彝尊、常州派张惠言等人的学说;骈散文评则重点评述了桐城派、浙东派、仪征派、魏晋派的学说。

就中国封建时代来看,文学的发展趋势应该说确实较明显地依赖于政治的发展,因此陈先生的文学批评分期以朝代为主线是体现了中国特点,而另一方面陈先生非常关注文学本身的规律与文学批评的特点,对魏晋南北朝时期这一中国文学自觉的重要时期,分作三期详加论述。陈先生的这一分期,影响至深。

魏晋南北朝文学批评的重要地位。陈先生在《历代文学之义界》一节中这样论述:"汉魏以前,文学界域至宽,凡以文字著之竹帛,不别骈散,有韵无韵,均得称之为文也。至晋宋以后,文笔之辨乃起。……有情采声律者为文,无情采声律者谓之笔,故文学之界画,自南朝而始严也。……降及唐人,以笔为文,文章之界又复漫漶……仍思严定文界,从南朝之旧说也。迄近学者,或以文为偶句韵语之局称,或以文为一切著竹帛者之达号,异议纷起,讫无定论,近观远西学者之持说,亦未尝不如是也。"在第六章《魏晋批评史》中陈先生做出了这样的论断:"中国论文之有专著也,始于魏晋。时人论文,既知区分体制为比较分析的研寻;又能注重才性,盖彼等确认文章有独立之价值,故能尽扫陈言,独标真谛,故谓中国文论起于建安以后可也。"

萧统《文选》别具眼光。陈先生在第七章《宋齐梁陈批评史》中对萧统的《文选》给予了很高的评价。他说:"昭明叙《文选》,别文章于经史诸子以外,独以沉思翰藻为文。"尤其推崇萧统对陶渊明的评价,认为是独具慧眼。他说:"陶诗平淡质直,齐梁人无称之者。故《诗品》抑置中品,称其'笃意真古,辞兴惋惬',推为古今隐逸诗人之宗,惟取其'欢言醉春酒,日暮天无云'二语,谓为'风华清靡'于'采菊东篱'之句,反存而不论。知其所赏者在彼不在此也。昭明独识其'文章不群,辞采精拔,跌宕昭章,独超众理'。不群谓其异于凡俗,精拔谓其真挚高超,诚确论哉!古人赏陶诗者自昭明始。"

《文心雕龙》与《诗品》为中国文学批评史之双璧。刘勰《文心雕龙》陈先生认为,"其上卷注重比较分析,下卷言原理、原则,视近世归纳的,及推理的批评,颇有同符。"并对其批评标准概括为七条:(1)尚自然,以齐梁之文侈言用事,转为穿凿,"刘氏矫之,首明自然";(2)重情性,南朝之文,日趋缛丽,刘氏认为"矫正之道,莫重于情性";(3)验性习,陈先生评述云:"性属先天,习由人力,文章所以宣情达志,当知作者之个性及其学养,故榷论文辞,则性习二者宜加之意焉。"(4)觇风会,即文学盛衰与世事治乱、社会环境密切相关,"盖世治则心泰而声乐,世乱则心戚而音凄";(5)尚声律,刘勰力主自然,但对声律仍给予相当重视,对此陈先生充分肯定;(6)论骈偶,刘勰认为古代偶语势出自然,非尽出于矫揉造作,文章能达意,则不必句度整齐,陈先生对刘勰此说充分肯定,认为"明奇偶所施各当,不必泥于定格也。其言最为圆通,信足解偏执者之烦惑矣";(7)辨文笔,认为"刘氏所论,虽文笔并包,其界画终未尝混淆。对于钟嵘《诗品》,陈先生认为"其批评当时文学之卓识,有足多者",概括为七个方面,(1)反对声病;(2)反对用典;(3)反对说理;(4)诗人品弟及其派别;(5) 诗学流变;(6) 总述五言大家;(7) 论四言五言利病。

永明声律论之失。永明是南朝齐武帝的年号,其时文学巨子沈约倡声律之说,谢朓、王融等共为推动,遂形成所谓永明体。永明体追求的是什么呢?"五色相宜,八音协畅,由乎玄黄律吕,各适物宜。欲使宫羽相变,低昂互节,若前有浮声,则后须切响。一简之内,音韵尽殊;两句之中,轻重悉异。妙达此旨,始可言文"(沈约《宋书·谢灵运传》)。陈先生毫不客气地指出:"声病之说既昌,律体之制斯众。影响所及,迄于隋唐,文则渐成四六,诗则别为近体,各铸定型,而文人才性由是泪【汩】没矣。"对永明体的批判,体现出陈先生的真知卓识。

陈中凡《中国文学批评史》可谓简约而不烦重,明捷而不闪烁,深刻而不奥难,确凿而不虚妄,流畅而不窒碍,宽容而不固执。

简约而不烦重。唐代是中国文学繁盛之期,尤其唐诗,而文学批评在唐代的发展脉络是怎样的呢?陈先生可谓要言不烦,"初唐无批评家,论文专著,不可复得。……务求其旨深调远,词巧理当。初唐评文之趋势,大抵若是也"。"盛唐文学,骤革前规,浮丽之风,渐归朴茂,其风气实开于武周之世,而陈子昂倡其首焉。""唐初文学,自陈子昂崛起江汉,锐意复古,卢藏用、富嘉谟、吴少微等和之,属辞皆以经典为本,文体一变。然其流犹未盛也。当开元天宝间,萧颖士、李华、贾至等出,文字多崇尚古学,效法扬雄、董仲舒之述作。时元结、独孤及、梁肃诸子以气类相应,并欲自振于一时,而后古文之规模具矣。韩柳继起,风气丕变,上述诸人实导其先河也。""晚唐诗文,专尚格律,其评文之作,亦津津以格律为言。"

明捷而不闪烁。关于儒家的文学观念,陈先生历述了孔子、子夏、孟子、荀子诗文之评论后,说:"其时既无批评专家,更无批评专书,实无批评学之可言,故就其议论所及,约略述之。其批评文学之准的,不外二事:一、施于礼义,求其无邪;二、合于乐歌,贵乎中声。凡此均儒家之偏见,儒家盖以文章为缘饰礼乐之工具,不认其有独立之价值也。"既明定周秦时代无批评学,又明言儒家评价文学(诗)的两大标准,同时更认定儒家的偏见及其来由,正在于未能发见与肯定文学的独立价值。葛洪世多以为道者,其实外道而内儒。其著作《抱朴子》中关于文学批评方面的观点,刘勰《文心雕龙》未能予以重视,陈先生由其《钧世》、《尚博》、《辞义》、《喻蔽》、《百家》等篇中概述其重要的观点,主要有:不可贵远贱近;今实胜古;尊子书,忽文艺;文各有弊;文宜繁富。对这些观点陈先生也都做了直截了当的评述。如"今实胜古",陈先生评道:"贵古贱今,学者通病。葛氏主文学为进化的,实有创解,非拘墟者所敢言也。"对其"尊子书,忽文艺"的观点,陈先生评曰:"盖注重说理之散文,忽视抒情之诗赋,主张广义文学者也。"

深刻而不奥难。司马迁《史记·自序》中有一段著名的议论,曰:"夫《诗》《书》隐约者,欲遂其志之思也。昔西伯拘羑里,演《周易》;孔子厄陈、蔡,作《春秋》;屈原放逐,著《离骚》;左丘失明,厥有《国语》;孙子膑脚,而论《兵法》;不韦迁蜀,世传《吕览》;韩非囚秦,《说难》《孤愤》;《诗》三百篇,大抵皆贤圣发愤之所为作也。此人皆意有所郁结不得通其道也,故述往事,思来者。"陈先生在第五章《两汉批评史》中分析曰:"谓《诗》《书》'义微言约,欲遂其深思',排除一切,独以发愤抒情为文,则史公之独见也。"对于司马迁《屈原传》中论《离骚》的观点,陈先生评述曰:"畅论屈原发愤之原因,及离骚之价值,而以'文约,辞微,志洁,行芳'八字赅之,可谓形容尽致。……史公之于屈原,能见其深者矣。"

确凿而不虚妄。第十章《两宋批评史》中,陈先生指出其时鲜明的特点:"文体至两宋而日繁,评文之风,亦至宋世而丕著。当时韵文、诗歌以外,更有词曲;无韵之文,骈散两体外,更有评话、语录等语体,章回小说,亦应运而生焉。文章体制既日益增多,批评之风,遂分途并进,不复如前世徒为概括、抽象之辞矣。"这样鲜明的观点,来自确凿的证据与深刻的分析。对于两宋批评史,陈先生分别从诗话、词话、四六话及散文四个方面来评述。诗评中列举了《四库提要》著录的三十四种宋人诗话和诗文评类存目中的十种宋代诗话,

"采撷菁英,汰除糟粕",重点评述了张戒的《岁寒堂诗话》、陈严肖《庚溪诗话》、胡仔《苕溪渔隐丛话》、严羽《沧浪诗话》、魏庆之《诗人玉屑》、姜夔《诗说》六种。

流畅而不窒碍。刘知几的《史通》,陈先生认为此书"商榷史文,研核义例,于叙事之纲纪,立言之梗概,详加刊正,立之科条,足与《文心雕龙》齐称"。对其论史体分为编年体、纪传体;《尚书》、《春秋》、《左传》、《国语》、《史记》、《汉书》,论叙事则分为直叙其才行者、惟书其事迹者、因言语而可知者、假赞论而自见者,以及论用晦、论词藻、论摹拟、论言语,将《史通》精髓与要点条分缕析,了然叙出。

宽容而不固执。第十二章《清代批评史》评述王士祯的神韵说、屈复的寄托说、赵执信的声调说、翁方纲的肌理说、沈德潜的格调说、袁枚的性灵说,皆述其原委与辩论,举其代表人物与代表主张,评价既明各说之特点,又指各说之弊端,然而态度是甚为平和与宽容。如沈德潜之格调说,以为"古体必宗汉魏,近体必宗盛唐,元和以下,视为别派"。对于此说袁枚驳之:"学者宗师自有渊源,至于性情遭际,人人有我在焉,不可貌古人而袭之。……使不变则不足以为唐,不足以为宋也。"陈先生论云:"夫格调诚学古者所宜重,然拘守迹象而不知变通,则依傍门户,皮傅自矜,亦何足与之言诗哉。"

陈中凡先生《中国文学批评史》乃此一学科的开山巨作,既代表着这一学科在中国的正式确立,而其本身也是一座令人仰止的高山。直到十年之后,才有同类著作陆续出版,而人们对这位筚路蓝缕者的感激自然是溢于言表的。

("建湖文史网—人物春秋—陈中凡研究"2013/09/19)

钱英才

国学大师陈中凡

陈中凡(1888—1982),原名钟凡,字斠玄,号觉元。江苏建湖人。自10岁至15岁,从叔父陈玉树读书,受他的影响至深。1907年至1911年就读于两江师范学堂。1914年考入北京大学哲学门(系),与汉章先生女婿姜梅坞、杨其苏等是同学,全班四十人。当时北大校长是浙江湖州人胡仁源,文科学长是浙江镇海人夏锡祺。根据姜梅坞回忆,汉章先生在哲学门教经学及中国哲学史,江苏胡玉缙教群经要略,浙江温州陈介石教周秦诸子。而陈中凡的回忆稍有出入,他说:"肄业北大哲学门。与黄离明兄(建中)同班。时所授各课除西洋哲学、伦理、心理、生物外,以中国群经诸子为主。任经学者象山陈伯弢先生、吴县胡绥之(玉缙)先生、闽县陈石遗先生,任诸子者为瑞安陈介石先生,杭县马夷初先生则授宋学。"(陈中凡:《自述读书时事》)胡绥之、陈石遗早在京师大学堂时已任教师,他们教过汉章先生。陈介石则在1913年兼任北京大学文科教授,1914年专任北京大学文科教授。他教过诸子,著有《诸子通义》十卷,后又教过中国哲学史,撰有《中国哲学史》(仅从伏羲讲到太公)。他在京师大学堂时还著有《中国通史》二十卷。

陈中凡在临毕业的那年做了一件极有意义的事,就是编辑出版了《国立北京大学廿周年纪念册》,这是北大历史上编撰时间最早、篇幅最大、体例最完整的纪念册。内包括《沿革一览》、《规程一览》、《集会一览》、《职员一览》、《学生一览》。陈中凡又请汉章先生撰文,即长文《中国历代大学学制述》,放在该册最后。文中提出"吾国是虞夏时,已有大学之制"。此文在《北大日刊》连载,颇受人关注。而蔡元培、王宠惠、范源濂、章士钊、陶履恭等在序言或演讲中,定调在京师大学堂创立之时。关于北大应从何年代算起,以后就有多种说法。

陈中凡1917年毕业后留校任教预科补习班国文教员,此时蔡元培任北京大学校长,蔡的"兼容并包"思想对他影响很大,他既与陈独秀、李大钊、胡适等接触,也与黄侃、刘师培、汉章先生交往。他既参加邓中夏、许德珩等《国民杂志》的编委工作,又参加《国故》月刊的编辑。《国民杂志》是学生救国会主办,反帝、反军阀的倾向浓烈。他们用文言文写作,宣扬爱国主义精神。而《国故》月刊则提倡文言文,反对白话文。当时主编是黄侃,汉章先生是特约编辑,陈中凡也是特约编辑。

1918年,陈中凡曾向汉章先生请教问题,汉章先生回了一信,信云:

觉圆先生鉴:

前询"直凑单微",出《韩非子》"有度"篇。拙稿二本,内有《尔雅句读序说》、《古音重读》,与令叔惕盦先生暗合,并送览。敬颂

铎安!

弟陈汉章鞠躬

四月十五日

(原载《清晖山馆友声集·陈汉章》,江苏古籍出版社2000年版,第54—55页)

此信谈了两点：

一是陈中凡向汉章先生请教"直凑单微"的出处。汉章先生指出是在《韩非子》的《有度》篇。原句为"朝廷群下，直凑单微，不敢相逾越"，意谓"朝廷的群臣，集中的或单独的，不敢相互逾越职守"。二是送陈中凡两本书，内有《尔雅句读序说》和《古音重读》，不明是什么书。汉章先生的《缀学堂初稿》一书，内有一篇《序尔雅句读》，但无"说"字。该书更无《古音重读》一文。

1918年至1919年，陈中凡在北大国史编纂处任纂辑员，还兼任北大女子高等师范学校国文专修教员，由于支持学生参加"五四"运动，而被女高师校方解聘。后来新上任校长聘他任北京女子高等师范学校国文部主任，其间聘李大钊、胡适到校讲课，也聘刘师培、黄侃到校讲课。陈中凡与李大钊的交情很深，他请李大钊讲社会学与女权运动史，后陈中凡到南京东南大学任教，似仍与李大钊有书信往来。1927年李大钊被军阀杀害，陈中凡闻讯大怒。1937年，李大钊牺牲十周年，陈中凡以《纪梦》一诗表达他对旧友的敬仰和思念。

陈中凡于1921年夏来到南京东南大学（后改中央大学）任教，主持国文系。1928年春，他与好友胡小石不和，离开南京赴暨南大学任教。汉章先生是1927年底到中央大学，不明期间是否与陈中凡交往。陈中凡离开南京后，于1928年9月又来过南京。据《黄侃日记》该月5日记载："斠玄来（贻以阳朔山水照片一组）。"估计也见到了汉章先生。

陈中凡从1952年起，在南京大学任教，讲授中国戏剧史。在这期间，与汉章先生大儿子陈庆麒有交往。大约他们在一起校注古籍。有信件可证。下面引一封陈中凡给出版社的信。

古籍出版社诸同志：

  前月接黄建新同志来信，当即分别致函陈庆麒及田楚侨两同志，嘱其直接与你社接洽。……

此信写于1959年3月5日,信中主要提及出版社请陈中凡选注《元遗山诗》,校注《湖山类稿》和《水云词》(方继孝:《旧墨三记——世纪学人的墨迹与往事》,北京图书馆出版社2007年版,第68页)。

陈中凡先生有"三不"、"三书"之说。"三不"为不求人、不求名、不求利。但也有说"三不"是不做官、不纳妾、不吸烟。后者更近似蔡元培在北大进德会曾提出的入会条件。陈中凡不做官,倒是有史实可求证。1934年,陈中凡赋闲在家,当时江苏省省主席陈果夫约见他。请他出任江苏省教育厅厅长。陈中凡当即以"三不"信条相告,拒绝陈果夫的"好意",结果遭陈果夫的封杀,通知南京各校不准聘用他任教。

陈中凡的"三书",则谓读书、教书、著书。其主要著作有《中国文学批评史》、《书目举要补正》、《古书读校法》、《诸子书目》、《经学通论》、《中国韵文通论》、《汉魏六朝散文选》、《两宋思想述评》、《中国民主思想发展史》、《民主与教育》,现有《陈中凡论文集》。

[原载《大师侧影——陈汉章与周围的人们》(第五章)
钱英才著,宁波出版社2014年版]

吴新雷[①]

陈中凡先生

　　著名文史学家、教育家陈中凡先生(1888—1982),原名钟凡,字觉元,别号斠玄,居室题名为清晖山馆,江苏盐城人,1888年9月29日出生于一世代书香世家。幼年熟读四书五经,1903年入镇江承志学校,翌年入淮安中学堂,1909年考入两江师范学堂,1914年考入北京大学哲学门。1917年毕业,1918—1919年任北大预科补习班国文教员,后调任北大国史编纂处纂辑员,兼北京女子高等师范学校国文教员、国文部主任。1921年任东南大学国文系教授、系主任。1924年任广东大学教授。1925—1926年先后任东吴大学、金陵大学教授。1928年任暨南大学教授、国文系主任、文学院长。1930年兼大夏大学教授。1934年任中山大学教授。1935年任金陵女子文理学院、金陵大学教授。抗日战争爆发后,随校西迁成都,并在四川大学、朝阳法学院兼课。1949年后,任金陵大学中文系教授兼文学院院长。1952年全国高等学

[①] 作者为南京大学文学院教授。

校院系调整后，任南京大学中文系教授。1982年7月22日因病辞世，享年九十四岁。

一

陈中凡先生学识渊博，举凡文、史、哲、音乐、美术、戏剧均曾广泛涉猎，颇多创获，卓有建树。

首先，在群经诸子和中国思想史方面，早在进入北京大学之初，先生师从国学大师刘师培，专攻十三经和诸子哲学，考释群经名称、作者和历代传授之渊源，注重经文诠释、辨析章句，写出《经学通论》、《诸子通谊》，纵论诸子百家，对道、墨、儒、法等家哲学思想之异同，考其源流，辨明得失，对老庄哲学之研讨，尤为精到，发表著名论文《老子学说略》、《庄子学说略》，深得学界好评。先生之于中国思想史，曾发表《清代三百年思想的趋势》一文，用逻辑学方法梳理清代学者由唯知论到唯行论，由唯理论至唯情论之转化轨迹。在其专著《两宋思想评述》中，就两宋思潮中儒、道、释三家之复起进行深层分析，考述"远西宗教之东渐，为东西文化接触之初步，关系于两方学术者非浅"，指出景教、祆教、摩尼教、天方教对宋代张载及邵雍之学说均有影响："其势力虽不足与释道两宗相提并论，然言宋代思想者亦不可忽视。"1996年东方出版社编《民国学术经典文库》时，已将此书与胡适《中国哲学史大纲》、梁启超《清代学术概论》等十一种专著一并辑入"思想史类丛"重印。

其次，在文学批评与汉魏六朝文学史方面，早在1927年，先生即写出我国第一部《中国文学批评史》。他参照刘勰《文心雕龙》和亚里士多德以来之西方文论，将文学批评之涵义定为指正、赞美、判断、分类、鉴赏五方面，将批评的派别定为解释、道德、审美、历史等十二种，融合中西文艺理论，颇具开拓性。出版后，很受欢迎。受此影响，罗根泽、郭绍虞、朱东润诸家之文学批评史才接踵而出。先生之于汉魏六朝之文学，1929年出版《汉魏六朝文学》，从文学发展史角度立论,指出苏东坡评论韩愈"文起八代之衰",后人误认东汉、魏晋、六朝和隋代是文学之衰业,而阮元在《文言论》、《书文选叙后》提出不同意见,颇有争议。先生以史实为根据,通过全面考察,所得结论是"汉魏六朝文学是上承周楚,下启隋唐的枢纽",这一结论,颇为中肯。

第三,在《水浒传》、《红楼梦》和中国戏曲史方面,1919年后,陈独秀任北京大学文科学长时,改革文科,在国文系增设词、曲、小说三门课。受此影响,先生对戏曲、小说发生兴趣,曾从吴梅学唱昆曲,精读《水浒传》和《红楼梦》,发表《红楼梦试论》和《论水浒传》二文,在前文中认为贾宝玉和林黛玉是清代前期新的人性意识的觉醒者,从小说文本中举出八个特征进行论证,并从社会背景和时代精神来揭示根源。1949年后,在南京大学执教期间专攻中国戏曲史,善于吸收新观点和新方法来研究新课题,先后发表《关汉卿杂剧中现实主义和浪漫主义相结合的范例》、《南戏怎样改编关汉卿的〈拜月亭〉》、《关于〈西厢记〉的创作时代及其作者》等廿多篇论文,在戏剧界很有影响。他治学勤奋,孜孜不倦,七十三岁高龄之日,又有三大宏愿,即撰著《中国戏曲史》,探究中外戏剧理论,以及编纂《宋金元戏曲方言俗语辞典》,惜遇"文化大革命",宏愿未能实现,不胜令人惋惜。

二

数十年来,先生执教南北各大学,主讲经学通论、诸子通论、文字学、文学批评论、汉魏六朝文学、中国戏剧等课,态度认真负责,内容精当,讲解深透,颇受学生欢迎。先生早年在北京女高部任教之高足程俊英教授于1988年所撰《陈中凡老师在女高师》一文中写道:"陈老师在我级讲授'经学通论'、'诸子通论'、'文字学'三门课程。教学非常认真,每星期要发三种讲义,一次约十余张,都是油印的。讲授时,还有补充的笔记,引证翔实,不尚空谈。《经学通论》讲义的内容,除释群经的名称、作者、篇数、内容、传授的渊源等外,还有各家和自己的评论。给我印象最深、受益最多的,莫如陈老师的教学方法;第一是'选读经文',他说:'不读经文,等于空论;熟读经文,触类旁通。'第二是'离经辨志',他说:'离经,即标点句读;辨志,即断章写段落大意和全篇大意。'第三是'诠释训诂',他介绍清代注经名作,如《尚书》介绍孙星衍《尚书今古文注疏》,《诗经》介绍陈奂《诗毛氏传疏》等作参考,让我们动手用今语注古语。我过去在私塾也读过经书,而且背得烂熟,可是,就是像和尚念经,不求甚解;经过陈老师的指导,才达到三到(眼到、心到、手到)的境界,获益不少。《经学通论》这本讲义,于1923年在东南大学出版科出版。讲授'诸子通谊'课程,陈老师先让我们读《庄子·天下篇》、《史记·太史公自序》,介绍九流十家学说的渊源,以及有关诸子的传记,然后让我们精读诸子的代表作,其指导方法与读经同,打下了我们经部、子部的基础。同时,让我们各买一部《百子全书》略读,他说,'此中有伪书,不可盲从,应加辨别'。《诸子通谊》讲义,于1925年在商务印书馆出版。陈老师讲授'文字学'仅一年,只讲六书象形和音韵部分,次年,由顾震福老师继任。短短的两学期,便通读了许慎《说文解字》和段注,略解我国文字形声义结构的常识。总之,陈老师的乾嘉时代朴学之风,传授其渊博的学术造诣和治学方法,使我级同学粗通经、子之学。我毕业以后,在教学中,继承陈老师的衣钵,指导学生攻读,收效显著。"从以上内容不难看出,先生教学功力之厚。先生执教七十载,出其门下者,何止万千,桃李满天下,堪称一代名师。

三

先生为人正直、豪爽、胸怀坦荡,富于爱国热情。1903年,加入章太炎先生的"光复会",矢志报国。1911年,辛亥革命爆发,弃笔从戎,任江浙联军书记官。1919年参加"五四"运动,支持北京"女高师"学生投入革命洪流。

先生早岁出名,声誉卓著,坚决不与反动腐朽势力同流合污,他曾严正声明,一不参加国民党,二不当官,三不接受任何方面津贴,严词拒绝南京市长刘纪文邀彼担任市政府秘书长、江苏省政府主席陈果夫邀彼担任省教育厅长之职。

先生一贯尊师重道,对蔡元培、陈独秀诸师十分尊敬。1934年,独秀师被捕入狱,先生不怕威吓,多次探监,独秀师出狱后,又请至家中小住,尽尊师之道。

先生爱国一生,二十世纪三十年代,参加"中华全国文艺界抗敌协会",四十年代,支持历次爱国学生运动,新中国成立后,积极投身社会主义建设。先生一生,经历旧民主主义革命、新民主主义革命、社会主义革命三个历史时期,始终追求光明进步,与时俱进。曾任全国政协委员、民主同盟中央委员、江苏省政协副主席、省民盟主任委员等职。粉碎"四人帮"后,已届九十高龄,仍满怀豪情,晋京参加政协会议,参与讨论国事。

先生归道山已近三十载,其铮铮铁骨为人,传道授业之功及其学术贡献、名篇巨著必将流芳百世,令后人永志不忘。

(原载《南京大学文学院百年史稿·传略》,南京大学出版社2014年版)

三　轶事篇

王永健[①]

"宣雅教于上庠兮,实冠冕于人伦"
——纪念先师陈中凡教授百年寿诞

中凡师撰于1919年的《先师陈君哀词》中,曾赞颂陈黻宸先生曰:"宣雅教于上庠兮,实冠冕于人伦。"其实,以这样的赞辞赞颂中凡师,中凡师同样是当之无愧的。先师的两封来函,就是生动的例证。

1970年夏,我收到了中凡师的这样一封来函:

永健同学:渴别数年,经"文化大革命"运动,彼此获益匪浅,惜未得良晤,一聆倾吐耳!

昨见唐圭璋君,据称刘开荣在苏逝世,未悉果在何时?春日得渠手书,称移住无锡乡间休养,病势日有起色,已能摆脱杖策,出户步行,并拟到宁就医,岂途中不慎,因伤致命!

华东师大中文系郝炳衡(立权)、程俊英诸君近况何似?前年该校曾

[①] 作者为苏州大学文学院教授。

专人来,询及渠等在沦陷期中出处节操。惜我远在成都,未能周知。未识近况何似,并希有以见白为荷!即颂

  近祉

陈中凡拜启七、十一、

信上关于"刘开荣在苏逝世"之说,实乃误传。刘先生于1968年因中风而半身不遂。中凡师函到之日,刘先生仍在天赐庄校内寓所养病。当时,我专程去拜访了刘先生,并转达了中凡师的问候。

刘先生抗战中就读于成都金陵女子文理学院。她的毕业论文《唐人小说研究》原由陈寅恪先生指导,陈先生因故特委托中凡师代为指导。从此,刘先生与中凡师过从密切,师生情谊甚笃,可谓二十多年如一日。

刘先生学贯中西,思想开明。解放后,她先在南京师院执教,后调到苏州,任江苏师院中文系主任。在一些政治运动中,刘先生曾受到过不公正的待遇,个人生活亦不如意,"文革"初期更受到过冲击。因此,当中凡听到刘先生突然逝世的噩耗,不能不备觉伤心、惋惜和惆怅,急于得知详细情况。

中凡师为人正直,性格开朗,豁达大度,平易近人。"文革"中,面对"抄四旧"、"占房子"等"革命行动",他皆泰然处之。来函虽亦少不了说几句时髦的套话,但他对这场"史无前例"的"文化大革命",很不以为然。记得1971年,我出差到南京,登门探望中凡师,中凡师绝口不谈"文革"之事,却沉湎于年青时代与好友们的亲切交往的回忆;并兴致勃勃地从一大捆字画中,找出了吕凤子先生为他所作的画像,黄宾虹先生赠给他的《湖山秋兴图》……与我一起赏玩品味,并详细介绍他与吕、黄两位先生的友谊。

尽管中凡师对于"文革"如此不屑一谈,但1970年夏,这场"革命"尚在"深入发展"之中。想到华师大曾派专人外调郝、程两位先生沦陷期间的出处节操,中凡师怎能不挂念他们的近况?

中凡师自1919年秋到1921年夏,任北京女高师国文部主任兼教员,程

俊英先生当时就读于女高师。郝炳衡先生,盐城人,毕业于东南大学国文系,是中凡师的同乡,又是学生。说来亦巧,郝、程二先生,是我大学时代的老师,郝先生曾为我们讲授过"汉魏六朝文学史",程先生则开过"诗经研究"选修课。因此,当我捧读中凡师来函时,想到年逾八旬的中凡师如此念念不忘两位年近古稀的老学生,不由得热泪盈眶,深深地为老一辈学者的师生情谊所感动。

中凡师对于刘、郝、程三位老学生的情谊是如此得深厚,对我这个后学小学生,同样关怀备至。自1959年冬,忝列门墙之后,我在中凡师亲切的悉心指导下,一步步地进入了中国戏曲艺术的殿堂,同时也学到了立身处世的准则。

1961年,我撰写了《元代"水浒戏"新论》的论文,中凡师审阅后,立即给我以回信:

> 永健同学:昨晚请克夫同学带交的论文,当已收到。我的意见:宋代出现水浒说话,金元出现水浒戏,这类反映现实的文艺作品,都有它的社会根源,故开始应先说明它的背景。
>
> 九世纪末黄巢起义,摧毁了世族门阀豪族的统治,使封建土地所有制和依附关系发生了相应的变化。到了十世纪中期,封建国家土地所有制日益衰落,农民依附关系也相对削弱了。地主土地所有制居于绝对优势的地位,用租佃制来进行剥削,农民乃提出消灭地主及其上层结构的官僚制度。这是它的背景,首先应当说清楚。
>
> 中间说到这些戏都是表现农民和地主以及官僚制度的矛盾,不再借重清官来解决矛盾了,而由农民自身的直接行动来解决。故农民成了戏中的主人公和正面人物,这是以前文艺中所绝对看不到的,应特别指出。
>
> 第三,说到作为剧中主要人物的形象应该如何塑造,其性格有什么特征,这是最主要的部分,应详加分析。

农民是个体经营的,应该看个人重于集体,甚至只知有个人,不知集体。但在当时已经开始了新的历史时期的文艺中,集体主义的斗争性应该成为它发展的基本要求,这是农民斗争文艺最本质的,决定它的整个性质的特点。必须具有这种特征才能适应那样尖锐的社会对抗性及其剧烈而紧张的斗争,这就是写农民战争文艺的倾向性。望全文从这点发挥,不要为北大文学史所束缚。

最近上海文艺出版社出有华传浩的《我演昆丑》一书,新华书亭有出售否?祈代购一册,为托!此致

敬礼

仲凡呵冻启十二、十五、

信中,中凡师的指导是如此得具体和精当,中凡师的批评又是那么尖锐和中肯。从中凡师的指导中,我领悟了治学的方法;从中凡师的批评中,我懂得了创见之可贵。这篇论文修改后易名为《略论元代"水浒戏"》,发表于1962年六月号的《江海学刊》上。

"宣雅教于上庠兮,实冠冕于人伦。"中凡师的渊博学识,高风亮节,特别是他对学生的厚爱深情和谆谆教诲,将永远铭记在我的心中,成为鼓舞、鞭策我为人师表的力量。值此"三老百年寿诞纪念",谨以此拙文,聊表对先师陈中凡教授的怀念和敬意。

1988年9月初稿

1989年1月修改于吴门莳溪轩

(原载《古典文献研究》南京大学出版社,1992年)

吴三立

岁暮寄怀陈中凡师金陵

听讲南雍四纪过,

春风回首几蹉跎。

钟山一叟今黄耇①,

匏落门生亦鬓皤。

(《平远文史》第 8 辑:吴三立专辑)
政协平远县委员会文史资料编辑委员会编

---

① 三句后:见《诗经·小雅·遐不黄耇》疏。《汉书·师丹传》:"丹经如世儒宗,德为今黄耇。"

董　健

陈中凡逸事

陈中凡先生原名陈钟凡，字觉元，号斠玄。他早年曾就读于作为南京大学之源头的南京两江师范学堂，又曾任教于作为南京大学之前身的东南大学、金陵大学，而从南京大学在1952年院系调整之时起，他就是该校资深教授，直到1982年以九十五岁高龄逝世，他可以说是南京大学历史的见证人。1962年我考取他的研究生时，他已是七十五岁的老人，他和师母将我们几个晚来的入门弟子视同"老生儿"，特别关心和爱护。陈老人老心不老，学者之志总是那么坚强，每谈及学问之事，听那口气，看他那一个个计划的安排，似乎他才三四十岁呢。热情、正直之外，我们常常看到他那孩子似的天真可爱之态。有些事几十年过去了，还一直留着活泼泼的印象。

[①] 作者为南京大学文学院教授。

一 "三不"与"三书"

陈老是一位爱国者,政治热情也颇高,但他的人生信条是"三不"与"三书":不做官、不纳妾、不吸烟,以读书、教书、著书为终生乐事。新中国成立后,经过知识分子"思想改造"运动,他的"三不"与"三书"不大放在嘴上讲了,但其精神内涵还时时表现在对我们几位弟子的教诲中。尤其当他臧否人物的时候,譬如谈到某某人(往往曾是他的学生)做了官,总是掩盖不住那种惋惜之情或鄙夷之意。就说他那所花园洋房的私宅吧,名曰"清晖山馆",以陈拾遗老人的手书刻石镶嵌在大门右侧,昭昭然向世人表露着他对一种文人品格的追求。不与世事、清高放达的阮籍有诗云:"微风吹罗袂,明月耀清晖。"官途屡挫、死于非命的谢灵运亦有诗曰:"昏旦变气候,山水含清晖。"中凡先生喜爱"清晖"的神韵和意境,正是对他的"三不"与"三书"的一个带有诗意的注脚,说明他所追求的文人品格是:清心寡欲、人格独立、精神自由。这种人生价值取向,显然来自北京大学。中凡先生1917年毕业于北京大学哲学系(当时叫哲学门),留校任预科补习班国文教员;蔡元培校长的办学思想对他影响很大。蔡校长在就职演说中明确表示:大学是研究学问、养成学者人格之地,不是取得做官资格之所,教育的政治化与学者的官僚化,是他所坚决反对的。蔡校长提倡"止谤莫如自修",在师生中发起组织进德会,奉行"六不"信条"不作官吏、不作议员、不嫖、不赌、不娶妾、不吸鸦片",并以读书、教书、著书为终生乐事。中凡先生是进德会的忠实成员,他的"三不"便是从"六不"化成,"三书"则是直接赓续着进德会的主张。在国民党统治时期,陈老把"不做官"改成"不入党不做官",因为当时要做官必先入国民党。

二 与省主席话不投机

蔡元培捍卫大学的独立性,反对政党或政府干涉校政这一思想也对陈中凡先生影响颇深。陈老不到三十岁即成名,当过东南大学国文系主任、广东大学(中山大学之前身)文科学长。1928年他任上海暨南大学国文系主任,次年任文学院院长。他邀左倾进步人士如许德珩、李达、邓初民等任教授,造成很大的社会影响。教育部高教司向他提出警告,他不予理睬。当当局进一步干涉校政之时,他便愤而辞职了。

陈老最瞧不起那种在当官的面前俯首帖耳、低三下四的文化人。孟子曰:"说大人则藐之,勿视其巍巍然。"陈老很欣赏这句话,认为这是孟子高于孔子的地方。用今天的话说,就是孟子身上有一种文化人的独立品格。陈老的《五十生日自述》曰:"暇便高吟乐便歌,漫将身世怨蹉跎。廿年浪迹恩仇少,半世蒐罗卷轴多。心比蝉清惟饮露,梦断鸥鸟每惊波。古人五十知天命,壮志犹怀逐日戈。"这正是他的"三不"、"三书"的写照。就是这样一位"清晖山馆主人",曾叫江苏省主席陈果夫十分难堪。1934年,陈老赋闲在家,省主席陈果夫约见他。中凡先生到时,陈果夫适有事外出,由其弟陈立夫热情招待,稍候片刻,陈果夫至。客气寒暄一番之后,省主席要陈中凡支持江苏省的教育事业,表示要聘他当省教育厅长。中凡先生当即以"三不"信条相告,拒绝了省主席的"好意"。为了扭转这尴尬的局面,陈果夫说:

"陈先生的家乡盐城,学校多,教育素称发达,这也是我们江苏省的光荣啊。"

"不过——"陈中凡对这位大官的粉饰太平颇为反感,冷冷地笑了一笑,说:"我们盐城不光学校多,在上海拉黄包车、当野鸡的也很多。"他的意思是说,盐城受苦受穷的人多,他们得不到受教育的机会。

话不投机,不欢而散。陈果夫叫手下人通知首都各校,不准聘用陈中凡这位自由主义者。

三 与新旧各派均有交

陈中凡受蔡元培的影响，不论做学问还是交朋友，均持"兼容并包"的态度。他在北京大学学习与任教期间，与陈独秀、李大钊、胡适、刘师培、黄季刚等新旧左右各派人士均有交。他与陈独秀私交甚笃，但按照他的"三不"主义，并不参加陈独秀组织领导的党派政治活动。抗日战争爆发前，陈独秀在南京被保释出狱后，在陈中凡家住了半个月。那时的陈独秀，一方面早已被中共开除，一方面又坐了国民党的监牢。他反思国际共运与斯大林主义问题，天天在陈中凡面前"发牢骚"，骂国民党，也骂共产党；但陈中凡只和他谈学问，谈友谊，不谈政治，不谈"党务"。陈独秀把在狱中同居的潘女士带到陈中凡家住。陈中凡热情照拂，临别时劝他："你那党务，我看就不要再搞了。"几年之后，陈独秀病死于四川江津，陈中凡发表文章悼念他，还写了一首充满感情的诗《哭陈仲甫》。

陈中凡与李大钊的交情也很深。在他担任北京女高师国文部主任兼教员时，革除学校封建保守习气，邀请北大新派教授（如李大钊、胡适等）与"国故派"教授（如刘师培、黄季刚等）来校讲课。李大钊讲"社会学"与"女权运动史"，新理论、新方法颇受欢迎，陈中凡与他的个人友谊也加深了。后来陈中凡到南京东南大学任教，仍与李大钊有书信往来。1927年李大钊被军阀杀害，陈中凡闻讯大悲。1937年，李大钊牺牲十周年，陈中凡有《纪梦》一诗，表现了他对旧友的敬仰与思念，诗中记他在梦中与李大钊见面，"共执手兮道故，情抑塞兮忿捐"，"魂骇汗兮惊觉，身伏枕兮情牵"。

四　师生同台度曲

陈老晚年专攻"中国戏剧史"。在我大学三年级时（1959 年），他与钱南扬教授一起为我们开出了"中国戏剧史"一课，陈老讲先秦乐舞到元代杂剧部分，钱老讲宋元南戏与明清传奇。戏剧是综合艺术，二老授课并不仅仅停留在文字功夫上，他们都会唱，钱老还会表演。陈老讲课十分认真，讲到得意处，手舞足蹈。听老班同学讲，他有一次讲《西厢记》，唱起"佳期"一折的"彩云开，月明如水浸楼台"一段，运腔吐字用力过大，以致把一口假牙全喷出，但他从满是粉笔灰的讲台上拾起假牙，用手帕轻轻一擦，装进嘴里继续唱，引起哄堂大笑。

陈老晚年喜欢唱昆曲，曾把昆曲名家俞振飞等请到家里来授艺。凡是他的弟子，必须习唱昆曲，不及格者不得毕业。在他的弟子当中，吴新雷唱得最好，深得俞振飞嘉许。1965 年，在全校欢送毕业生的文艺晚会上，大家要求陈老唱一曲。时年七十八岁的陈老和他的弟子梁淑安女士同台清唱《长生殿》"小宴"一折的"天淡云闲，列长空数行新雁"一段，白发苍苍的陈老唱唐明皇，二十七岁的梁女士唱杨贵妃，由师兄吴新雷吹笛伴奏，成了一次有很高文化品位的业余演出。事隔一年，"文革"开始。毛泽东关于戏剧的"批示"在报上公布，这次师生同台度曲的佳话，曾多次作为"封资修"的例证受到"红卫兵"的批判。

"文革"开始，经历过多次历史暴风雨的陈老并不知道它的来头，甚至误以为是一次真正的"文化革命"。"红卫兵"叫"三名三高"人物主动减薪，陈老在大太阳底下排队表态，登记减薪。中文系师生集队唱《东方红》，陈老并不滥竽充数，他像唱昆曲那样放开喉咙唱，当全体已经唱完时，还听他一个人拖着长长的尾腔——他耳背，不知别人已唱完，由此可见其认真的程度。但提起他与梁女士同台度曲事，他并不认为自己有什么错。

五 "应试"与吃"忆苦饭"

1967年,从北京刮来了"考教授"风,各校"红卫兵小将"都想方设法对名教授进行突然袭击式的考试,目的是出出这些"学术权威"的洋相。因为毛泽东说过,教授往往没有学问,又批评过过去教授们考学生是突然袭击,所以现在"即以其人之道还治其人之身"。

南京大学中文系的"造反派"也来考教授了。考试题是当时"红卫兵"最熟悉最感兴趣的毛主席诗词解释、背诵以及"革命样板戏"的介绍与评析等。"小将"们想,你们这些"资产阶级权威",只知道"封资修",在这些崭新的考题面前肯定要大出洋相。他们哪里知道,陈中凡虽然一生研究古典文学,但对文艺上的最新动态向来是十分关注的。他本人研究戏剧史,对建国以后的戏曲改革直到"样板戏"是非常熟悉的。他本人又是古典诗词的爱好者,能写一手很好的旧体诗,对毛主席诗词当然也是知之颇多的。这样,他的答卷,娓娓道来,如数家珍,几乎考了个满分。

"红卫兵小将"主考官们发现达不到出"权威"洋相的目的,决定考试成绩不予公布——哪能长敌人的威风呢!但陈老十分认真,亲自找到主考官,要求公布。结果被"造反派"以"态度不好"申斥了一顿。但陈老事后谈起此事,那得意与骄傲之情中总流露出孩子似的天真。

这次遭到申斥之后不久,陈老因为过于认真又遭了一次"造反派"的申斥。有一天,"红卫兵小将"组织中文系全体教师到雨花台接受"阶级教育",其中有一个节目是吃"忆苦饭"。主其事者到附近公社的养猪场煮了一大木桶"忆苦饭"来,每人必须吃一碗。我当时也吃了一碗,说实话,对一个北方人或苏北人来说,那没有什么难吃的,不过是一些包菜老叶子加了麦麸、稻糠、豆腐渣煮成。陈老是盐城人,虽已年高八旬,但身体好,胃口也健,那满满的一碗,转眼间就被他吞下去了。他看看那些南方城市来的"红卫兵"娃娃一个个如吃药一般艰难地吞咽着"忆苦饭",不禁觉得好笑,也窃窃地得意。他觉得这些革命口号叫得震天响的青年不过是"银样蜡枪头"。于是,他擦擦嘴,亮出空碗,说:"再来一碗!""小将"问他为什么,他说:"我年轻时就吃过,觉得好吃!""小将"愤怒了:"这老家伙,盐城大地主出身,说他年轻时就吃过,这是什么态度?"于是,他遭了一顿痛斥。但陈老硬是又吃了一碗,那样子颇似示威。

1998年9月8日

(原载《走近南大》四川人民出版社,2000年)

转自《江苏新闻网》

南京大屠杀又现铁证
——长诗《金陵叟》

《扬子晚报》记者在南京市民叶德兴先生的家中,见到了现代古典文学家陈中凡先生写于六十四年前的这首长诗《金陵叟》。

呈现在记者面前的长诗《金陵叟》是摘自著名学者陈中凡先生《清晖吟稿》的手抄本,是八年前叶先生从南大门前的旧书摊上购得,他曾专门将这两本手抄本拿给陈中凡先生弟子南大吴新雷教授考证。吴教授见到先师文稿后连声说好,并特意附信详细介绍先师陈中凡先生的生平。直到前不久,叶先生在仔细翻阅这部手稿时,突然发现其中的《金陵叟》格律体长诗竟是一则关于南京大屠杀的手记!他在为文物价值兴奋的同时,更多的是一个老南京的义愤填膺,他按捺不住激动,立即联系本报,要求披露这首从未出版的长诗。

长诗记叙的是1939年一位南京老人逃难至重庆后,遇到江苏籍古典文学家陈中凡先生。见到故乡的亲人,唇未启,泪先流,一阵唏嘘之后,讲述他所经历的那一场惨绝人寰的惨剧。读着这首诗,记者被一种悲愤的心情笼罩着,感受到一如当事人的"裂帛渍血"之痛。这位七旬老人与老妻、小孙子一直住在南京,1937年冬,南京沦陷时,他们躲到难民区里。"腊月十二日,夜半势特异。火光上烛天,杀声震大地。巨炮响若雷,弹丸飞如织。妇泣兼儿啼,心胆为破碎。"一夜炮火之后,昔日繁华的首都已经被打成了马蜂窝,满街都是尸体,"模糊不堪看,腥臭触人鼻。""殊类"的汽车来来往往,见到值钱的东西就捆走,连鸡犬也不放过。"宅中见男丁,强迫充伕役,力竭不复顾,晌即加残害","妇女为瞥见,奸淫逞所快,枝梧稍拂意,剐割成人彘"。侵略者还在此时增加苛捐杂税,南京城数万名幸存百姓连粥也喝不上,"吞声忍饥寒,尸居仅余气"。这位老人的老伴和孤孙也相继死去,老人被迫跋涉千里,流落他乡。

陈中凡先生在诗的最后写道:"愿世知激励,万众得生存,共申山河誓!"

陈中凡简历:陈中凡(1888—1982),现代古典文学家,江苏建湖人,字觉元,又名钟凡,先后任教于北京女子高等师范学校、东南大学、广东大学、暨南大学、金陵女子文理学院、南京大学,曾担任江苏省政协副主席、江苏省文史馆代馆长,著有稿本《清晖吟稿》。

《金陵叟》(原文)

一九三七年十二月,日寇分三路包围南京。国军仓皇逃遁,南京不战而沦陷。敌军入城,以杀人竞赛取乐。三九年叟到蓉,追述惨状。

叟从金陵来,为述金陵事。未言先欷歔,太息更流涕:"行年七十余,几曾见烽燧?岂料风烛龄,白日遭妖魅。迄今一回首,神魂犹惊悸。"

时当丁丑冬,十一月近晦,传闻东战场,我军已失利:苏淞忽不守,寇且旦夕至。人心日皇皇,全城顿鼎沸。富户举室迁,贫者及身避。唯我老且病,重以妻孥累,家无担石储,出门何所诣?闻有难民区,老弱堪托寄。妇孺相提携,径往求荫庇。喘息尚未安,景象日可畏。

腊月十二日,夜半势特异。火光上烛天,杀声震大地,巨炮响若雷,弹丸飞如织。妇泣兼儿啼,心胆为破碎。次早坚城堕,满目尽殊类。枪林列森森,战车陈前卫。狼奔而豕突,四城逞蜂虿。屠杀及鸡犬,纵火遍阛阓。曩时繁华区,一夕成荒秽。尸骸积通衢,血肉填涸厕。模糊不堪看,腥臭触人鼻。按户复搜查,巨细无遗弃。汽车往复驰,衣饰尽捆载。宅中见男丁,强迫充伕役。力竭不复顾,晌即加残害。妇女为瞥见,奸淫逞所快。枝梧稍拂意,剜割成人彘。更入避难所,携掠选少艾。次日或送返,遍体如鳞介。哀号不移时,宛转遂就毙。

直至腊月杪,布告命登记。立迫诸难民,速各返旧第。倘敢违律令,严惩不稍贷。可怜众无辜,为求活命计。鹄立风雪中,争先报名字。年事差较幼,被目曾执锐。别寘大道旁,一一加拘系。何来汉奸某,自称检查吏,极口颂皇军,对众施狡狯:"汝等曾服官,爵秩仍可觊,善后正需材,幸勿失交臂。如敢故隐瞒,论罪同奸细!"其言似可信,同声悉回应。顷刻两千人,举手被捕逮。与前诸少年,同日共弃市。

苍髯一老贼,更组维持会。甘心作虎伥,百般求献媚。四出搜妇女,昕夕娱贼意。狼心果何居?诚别有心肺?

维新伪政府,百事讲统制。捐税苛牛毛,粮食亦专卖。嗷嗷数万口,饘粥不能继。吞声忍饥寒,尸居仅余气。老妻暨孤孙,相继遂长逝。孑然剩此身,偷活人间世。跋涉千百里,浪迹在旅次。谨贡所见闻,愿世知激励。万众得生存,共申山河誓!

潭秋评:"裂帛渍血,当志此痛。叙述悲凉,宛然乐天今乐府。"

("建湖文史网—人物春秋—陈中凡研究"转载自《江苏新闻网》)

于　峰

诗歌写成八年抗战史
普通市民欲出版陈中凡诗稿

抗日战争胜利六十周年，一批抗战文物也陆续浮出水面。市民叶德兴先生拿着两本名为《清晖吟稿》的诗集，找到记者。叶先生告诉记者，这两本集子是著名国学大师陈中凡先生的诗词稿本，其中创作于抗战时期的22首诗作更是堪称一部用诗歌写成的抗战史。在抗战胜利周年纪念的日子里，叶先生最大的心愿就是把自己珍藏了十二年的这本诗集正式出版，公之于众。

地摊上淘得大师诗集

今年五十八岁的叶德兴曾经搞过档案工作，因此对于历史文献有特别爱好，几十年来一直着力于收集历史文物。1993年，一次偶然的机会，叶德兴在南京大学校门口的旧书摊上购得了名为《清晖吟稿》的上下两册诗集。带回家后细细研究，叶先生发现，这是著名古典文学家、国学大师陈中凡先生自印的诗集稿本，诗集用印蓝纸复写，其中还有不少陈中凡亲自书写、补充、修订的手迹。叶德兴告诉记者,该诗集可能是存世孤本,他曾经把诗集送给陈中凡的弟子、南京大学吴新雷教授考证,吴教授看到诗集后,异常激动,大为赞赏,表示从未见过此诗集,是陈中凡罕见的珍稀手迹!

完整记录八年抗战史

在收藏《清晖吟稿》的十余年中,叶德兴对诗集作了全面的研究。他发现,诗集内容分为待旦集、感旧集、纪行集、说诗八首、熙春集五个部分,共收陈中凡诗作二百余篇,而创作时间从1931年一直持续到1965年,记录了二十世纪中国历史上最为风云激荡的三十余年。

对于抗战,《清晖吟稿》的记述尤为详细。从1931年抗战军兴到1945年日本投降,其中每一个重大历史事件,陈中凡都有诗歌记录述怀。比如,《十九路军在沪抗敌,闻而壮之,终于茫然》记录的是1932年"一·二八"十九路军抗战;《闻卢沟桥驻军奋起抗敌》讲的是1937年"七七事变";《吊四行仓库八百守军》表达对淞沪会战中谢晋元团的褒扬;《王之钟战死台儿庄,归葬成都》则悼念徐州会战中牺牲的王铭章将军。其他如《战晋南》、《闻广州陷敌》、《长沙大火》、《敌军由桂趋黔,直逼贵阳,进窥川蜀》等作则一一记录了中条山会战、豫湘桂战役等重大事件!

叶德兴说:"把《清晖吟稿》看作一部用诗歌写成的抗日战争史,一点都不为过!"

重新体会胜利心情,尤为珍贵的是,《清晖吟稿》中,还有一篇《金陵叟》,通过记叙1939年作者听到一位逃至重庆的南京老人的讲述,真实再现了南京大屠杀时的惨状,已经被学界认为是证明侵华日军南京大屠杀罪行的有力证据之一!

而抗战期间,避难内地的陈中凡,在听说日本投降的消息时,立刻挥毫写下《闻日寇败退》诗:"从来好胜愿终违,海澨惊传一弹飞。戎马八年随逝水,河山百战剩斜晖。盈廷佥壬侜堪恃,极目汗莱胡不归?一轨同风成泡影,伯图梦里尚依稀。"其激动兴奋的心情跃然纸上。叶德兴说:"这首诗可以和杜甫的名篇《闻官军收河南河北》相媲美!今年是抗日战争胜利六十周年,我把陈先生的《闻日寇败退》首次公布于众,让现在的人重新体会当年战胜日本,国人'喜欲狂'的心情!"

希望正式出版诗集

叶德兴珍藏《清晖吟稿》已经十二年了,对于诗集中的诗作,他不知道通读研究了多少遍,可谓烂熟于心。然而,对于这一本完整记录中国人民抗日战争历史的珍贵诗集,叶德兴觉得,由他独自收藏,其他人无缘得见,总是不太合适。叶德兴告诉记者,今年适逢抗战胜利六十周年,因此他很希望能促成《清晖吟稿》的正式出版,使得现在的年轻人在阅读陈中凡先生才华飞扬的诗作的同时,又能了解当年日本侵华的真实历史,永远缅怀在抗日战争中牺牲的先烈们。

【新闻资料】陈中凡先生:著名文学家,原名钟凡,江苏建湖人。1909—1911年就读于两江师范学堂,受业于李瑞清、缪荃孙、陈三立诸名师。1914年考入北京大学哲学系,1917年毕业后留校工作。先后任教于北京女子高等师范学校、东南大学、广东大学、暨南大学、金陵女子文理学院、南京大学,曾担任江苏省政协副主席、江苏省文史馆代馆长。1982年病逝。

主要著作有《中国文学批评史》、《诸子书目》、《经学通论》、《诸子通谊》、《中国韵文通论》、《两宋思想述评》十余部。

(原载"新浪网新闻中心"2005年2月23日【金陵晚报报道】,"建湖文史网——人物春秋——陈中凡研究"转载)

李洪岩

刘师培遗稿之谜

1936年冬,知名学者陈中凡作《刘师培〈周礼古注集疏〉跋》一文,其中讲到1919年秋刘师培临死前曾在北平家中谈起自己的生平学问,感慨良深地说:"余平生述造,无虑数百卷,清末旅沪为《国粹学报》撰稿,率意为文,说多未莹。民元以还,西入成都,北届北平,所至任教国学、纂辑讲稿外,精力所萃,实在三《礼》;既广征两汉经师之说,成《礼经旧说考略》四卷,又援据《五经异谊》所引古《周礼》说、古《左氏春秋》说及先郑、杜子春诸家之注,为《周礼古注集疏》四十卷,堪称信心之作,尝迻写净本,交季刚制序待梓。世有论定予书者,斯其嚆矢矣。"

这段记载的权威性及其所传达出来的信息值得格外重视。它至少说明了两点:一,刘师培向来以治"春秋左氏之学"为学术界所称道,而他本人晚年并不完全认同此点,反倒认为自己最得意的学问,全在"三礼"上。二,他研究"三礼"的得意之作,曾经誊抄出正规的文本,交给好朋友和好学生黄季刚(侃)去作序,以备出版。

但是，刘师培这两部最得意的著作并没有出版，甚至连清稿都找不到了！现存《刘申叔先生遗书》收录的这两部书，《礼经旧说》乃根据各种零散文稿重新连缀而成，《周礼古注集疏》为残本，均不是刘氏写定的清稿。对此，《遗书》编者钱玄同等人有详细交代。那么，黄季刚到底拿没拿这两部稿子呢？如果拿了，又将稿子弄到哪里去了呢？是丢了，还是自己藏起来了？至今还是一个没有解开的哑谜。

我们知道，刘师培死前最亲密的朋友，有黄侃、刘叔雅、陈中凡，而与陈的关系更不同一般。陈在当时虽为晚辈，但已经是刘师培任主编的《国故月刊》的特别编辑，更与刘有通财之谊。1919 年 8 月，刘卧病不起，无钱买药，曾经给陈中凡写过五封信，请其给自己弄些钞票，陈均一一照办。刘死后，陈并为之料理后事，刘的叔父刘富曾等后来曾经特意致函感谢（《陈中凡年谱》，1919 年。见姚柯夫编《陈中凡论文集》，上海古籍出版社，1993 年）。刘师培的后人也证实说：陈中凡追随刘氏最亲，师培在京病笃，中凡日侍左右。同时，陈又是刘师培好友陈独秀的学生，对陈独秀也曾经一往情深，恪尽弟子之道。可见，陈中凡是一位极为忠诚极讲情义的道德中人，他对刘师培的记载当然也是极具权威性的。

然而，陈中凡的记载引起黄侃后人的不满。黄焯教授在《记先从父季刚先生师事余杭仪征两先生事》附录中辩驳说："曩阅《刘申叔先生遗书》，见《周礼古注集疏》后有陈氏跋，称刘君有《礼经旧说考略》四卷、《周礼古注集疏》四十卷，尝逐写净本交黄季刚。又刘师颖跋亦谓《周礼古注集疏》、《礼经旧说》二种全稿为黄君假借以去。阅之不胜骇异。凡先从父所藏书稿，经焯数度清理，从未见有四十卷与四卷之清稿，亦无所谓全稿。忆先从父祭刘君文有'《春秋》、《周礼》，纂述未竟'之语，是《周礼古注集疏》本为未完成之作。又据钱玄同序，知《礼经旧说》亦不全。今附记于此，以捻世之关心刘君遗书者。"（《量守庐学记》，第 138 页）

显然，黄焯教授意在否认黄侃拿了刘的稿子，理由则有二：一，在黄侃的遗物中,经数度清理,并没有刘师培的稿子;二,黄侃祭奠刘师培的文章说刘氏的书并没有完成,钱玄同也说《礼经旧说》不全。

这两条"理由"显然都不成其为理由。首先,遗物中没有,并不说明黄就没有拿过刘的稿子。当然,如果遗物中有,那满天的云彩尽散,是最好不过的事。而人们感到遗憾的也正在于,刘稿宛若黄鹤,不知去向了! 其次,稿子不全也不成其为黄没有拿的理由:假如黄拿的正是那不全的稿子呢? 至少从道理上,可以提此疑问。至于钱玄同所谓"不全"之说,乃是讲未见到《礼经旧说》清稿,重新搜集其零散部分予以整理连缀的情况,与陈中凡所说刘氏清稿是两码事,当然只能说它"不全"。

而且,黄焯教授对"先从父祭刘君文"也作了断章取义。核对黄侃的原文,发现所谓"《春秋》、《周礼》,纂述未竟"的前后文原来是这样的:"庚申年(1920)壬申朔越六日戊寅,弟子楚人黄侃自武昌为文,奠我先师刘君。……君之绝业,《春秋》、《周礼》,纂述未竟,以属顽鄙。"(黄侃《先师刘君小祥会奠文》)原来,黄侃本人是承认拿了刘稿的,是刘师培把"纂述未竟"的"绝业"交给了("以属")他这个"顽鄙"。

又据上引陈中凡跋文,1928年春,他在上海见到黄侃,曾经问到刘的"两稿",黄答"藏诸箧衍,容某刊布,不任堙晦也"。可见,那时刘的遗稿尚完好地保存在黄侃手中。到1934年冬,有个叫郑友渔的发函征寻刘师培遗著,陈中凡请他与黄侃联系,可惜已经"茫无端绪"。第二年秋,陈中凡准备亲自与黄侃联系,而黄侃却去世了,"原著遂不可复得矣"。不得已,陈中凡只得将自己保存的"残本"寄给郑友渔,以便行世。这就是我们现在所能看到的《刘申叔先生遗书》第五、六两册所录《周礼古注集疏》。而陈中凡的这部分手稿残本,是刘师培的过继儿子刘葆儒在1923年春送给他的。从稿子"勾乙涂改,迹如乱丝,几令人不可识别"的情况看,大概是刘师培的草稿或初稿。至于《遗书》中的《礼经旧说》,里面夹杂了一段孙世扬、沈延国的题记,写道:"刘君《礼经旧说》手稿《士丧礼》、《既夕礼》、《士虞礼》三篇,《特牲馈食礼》一条,藏量守庐

(即黄侃住所)，黄小同兄(黄侃之子)录三篇，以付《制言》，并出示原稿，俾为校勘。原稿笔误之处颇多。"足见黄侃确实存有刘氏手稿，不过这里透露出来的显然不是清稿，也不像是全本。

不只是黄侃本人承认，也不只是陈中凡一人如此记述，而且，正如黄焯教授所言，刘师颖也这样说过。假如说刘师颖是师培的亲戚，其言不足为据的话，那么，我们再看一下陶菊隐《筹安会"六君子"传》的说法。此书虽杂有不少小说家言，但基本史实还是完整的；至少，我们不能否认里面包含的史影：

> 刘为人不修边幅，蓬首垢面，衣履不整，看上去活像一个疯子。他住在北京白庙胡同大同公寓。一天，教育部旧同僚易克枭来访，见他一边看书，一边咬馒头，他面前摆着一碟酱油，却因专心看书，把馒头错蘸在墨盒里，送到嘴里去吃，把嘴和脸都涂得漆黑一片，看上去又像一个活鬼。

> 1919年11月20日，他重病垂危时，急忙派人把北大同事黄侃找来，叫黄坐在榻前。他十分吃力地在枕头箱子里找出一部手抄本递到黄的手里，吐着低沉的声调断断续续地说道："我一生应当论学而不问政，只因早年一念之差，误了先人清德，而今悔之已晚。这是我毕生研究得来的音韵学秘本，今天送给你作为临别纪念，望你继承下来，然后把它再传之后代。"黄侃听了这些话，心情十分激动，急忙趴在地上叩头拜他为师。刘即于是日气绝身亡。

这段记载至少有三点是不确切的。第一，刘师培死时，黄侃并不在身边。黄侃《先师刘君小祥会奠文》明言："我归武昌，未及辞别。曾不经时，遂成永诀。始闻凶信，以师表哀。"《始闻刘先生凶信，为位而哭，表哀以诗》也说："拜辞既欷歔，闻信翻疑犹。"第二，黄侃拜刘为师的时间，也不在刘临死前。《先师刘君小祥会奠文》："我滞幽都，数得相见，敬佩之深，改从北面。"章太炎《黄季刚墓志铭》则说:"自师培附帝制,遂与绝,然重其说经有法,师培疾亟,又往执挚称弟子。"第三,所谓将"音韵学秘本"送给黄,当属乱上添乱。但它流露出的确切史影却在于,刘师培确实将自己的著作给过黄侃。

问题是,刘交给黄的稿子到哪里去了呢?偶睹林庚白《丽白楼遗集》(中国人民大学出版社,1996年)憬然似有所解。该书下册第794页有这样一节:

> 闻师培有手抄本若干,皆其治国学之心得,生平未尝以示人,虽妻孥亦莫敢寓目,死后展转入蕲州黄侃手。侃喜不自胜,扃诸箧,资为述作之助,"一二八"变起,日兵以巨炮击狮子山炮台,政府迁洛,人心惶惶,侃亦挈其眷属走北平,而私念藏书甚富,猝不能徙,踌躇中,其及门少年某君,自请留守,侃乃决去。比乱定返京,一日检点所藏典籍,则此秘本悉已飞去,亟召少年诘之,坚谓不知,亦无如何,侃以此经旬不眠,备极懊丧,忽少年来,还秘本于侃,至是始告以已一一钞之矣。中国士大夫,于学术每不肯广所传,喜矜其独得之秘,实于文化之进步有碍,此少年尚是"解人",特迹近于窃盗,不得不谥以"雅贼"二字矣。

这里所说的"京",是南京。1932年初,黄由南京赴北平,同行的就有敝母校山东大学的殷孟伦教授,到北平后还收了杨伯峻先生做弟子。那么,黄侃所藏刘稿是否被"雅贼"偷去了呢?照林庚白的讲法,自有这个可能。然而,在林的记载中,刘稿并不是主动送给黄的,而是"死后展转入蕲州黄侃手",而且没有说是什么书。但有一点是清楚的,即由于战乱,黄的藏书确实有过丢失。这一点,我们还可以验之于黄氏贤婿潘重规教授的《黄季刚先生遗书影印记》。该文曰:

> 南京失守前,内弟念田以大车二辆,载先师藏书寄存于其友人鲁亚鹤采石矶寓中。抗战十年,规及田弟俱居蜀。胜利后,规应暨南大学、安

徽大学聘，时往来京沪间。偶闻施则敬君言，先师《古韵谱》手稿尚在鲁亚鹤处。因亟遄往采石矶访得其寓所，相见则谓存书尽毁，出《古韵谱》及手批《文始》二册相授，曰："遗书尽在此矣！"

据悉，1937年12月南京大屠杀中，日本鬼子不仅大肆杀人，而且还毁了大量的中国图书。黄侃藏书遭厄，实也应算在这笔账上。那么，在这两大车藏书中，是否有刘师培的遗稿呢？不得而知。它是否会重现人间，也未可知。不过，照笔者推测，刘师培的遗稿应不是迷失于南京大屠杀前后，而是早在1932年的"一·二八事变"中便丢失了。所以，1928年时黄侃还承认自己藏有刘稿，到1934年底便"茫无端绪"了。可不管怎么说，它总归是与日本的侵略中国相关，故不应归咎于黄侃。

（《中华读书报》1999.05.19）

吴寿钦[①]

高人陈中凡一轶事

1958年上半年,杭州市高校的反右运动进入"扫尾"阶段,开展了名为"安全运动"的政治运动。为了"安全",普查了在校师生的档案材料。过来人皆知,在共和国初期的几次政治运动中,尤其是"镇反"和"肃反"中,各部门各单位收到的检举揭发信函不在少量,对其中查无实据的材料,组织人事部门往往会据"上级指示精神"也把它塞进受到揭发者的档案袋,"以待备查"。时任杭州大学中文系教授、六十岁的钱南扬先生,是位既专且精的曲学专家,也确是个"两耳不闻窗外事"视功名利禄如浮云,从不提任何个人要求,只会一心用功做学问的"书呆子"。可是,在他的档案材料中有一纸揭发,说他是蒋介石发动"四·一二"反革命政变后国民党浙江平湖县党部的"清党委员",是双手沾满革命人士鲜血的"刽子手"。杭州大学校方不做深入核查,就"内定"钱南扬为"历史反革命",并将他开除出教师队伍。虽"事出有因,查无实据",

---

[①] 作者属民盟无锡离退休干部。

1959年1月,杭州大学还是以"又红又专"对立面的"走白专道路"典型为由,把钱南扬当作"白旗"彻底拔掉——赶出校门"了事",弄得钱先生失业落难,只得回平湖乡下暂住亲友家熬日。

此消息传到南京大学中文系,让著名的一级教授陈中凡大惊失色。陈中凡是何许人?他和钱南扬素未谋面,亦无任何联系,钱先生的噩运为何使他如此惊愕呢?

陈中凡,1999年版《辞海》有他姓名的词目,其解说词为:"陈中凡(1888—1982)中国古典文学学者。原名钟凡,字斠玄,号觉元,江苏建湖人。1917年毕业于北京大学。历任北京大学国史编纂处纂辑员、北京女子高等师范学校、东南大学、暨南大学、金陵女子文理学院、南京大学教授。最早研究古代文学批评史。主要著作有《中国文学批评史》、《经学通论》、《中国韵文通论》、《两宋思想述评》等。"遗憾的是,这解说词中未提及其政治身份:1958—1982年,陈中凡是中国民主同盟江苏省委员会主任委员。

陈中凡是蔡元培和陈独秀的高足,在北大哲学门毕业后留校期间,和应校长蔡元培聘来的曲学大师吴梅比邻而居,两人从相识到相知而成莫逆之交的曲友。1921年,陈中凡受聘为东南大学国文系首届系主任,他便把吴梅请来东南大学,还在金陵、中央等大学兼课,使曲学在南京兴盛起来。在日寇侵华战乱及后的内战期间,吴梅及其弟子先后逝去,致使1952年院校调整后的南京大学的曲学学科无人为继而断档。自与吴梅结识后,陈中凡认识到民族戏曲的重要价值,认为吴梅曲学的核心特点是把戏曲作为一门高尚的艺术学来进行研究,并素以联系演唱实际,即理论与实践相结合的教风学风展开教学科研活动的。所以,他大力提倡要在南京大学中文系继承发扬吴梅曲学的优良传统。但他自觉自己只是吴梅的曲友,不足以承接吴梅的曲学事业,必须找到一位吴梅嫡传弟子来南大任教,方能真正复兴吴梅的传统。

陈中凡研读过现代南戏研究学科的奠基名著——三十五岁的钱南扬于

1934年出版的《宋元南戏百一录》，和钱南扬于1936年出版的名著《元明清曲选》等，极其钦佩钱先生的渊博学识和精深造诣；也谙熟钱先生拜吴梅为师后，穿越北南进苏州吴梅家的奢摩他室读遍曲书而尽得演唱和研究真谛的轶事。然而，素未谋面和从无联系，加上杭州大学拒不放调，一直让陈中凡惘然不已。

陈中凡得悉钱南扬落难而讶异之余，静思判断了良久后，暗喜又从心中升起，他决心为事业和人才，铤而走险，并在南京大学中文系提出"正好乘此机会"把钱南扬接过来的想法。在那个大都回避政治风险的年代，人们对七十二岁又德高望重的陈中凡此举称为"老糊涂作怪"是不足为奇的。但他力排众虑，直接找校党委书记兼校长的郭影秋，大胆陈述保举钱南扬的理由："从法律概念上来讲，钱先生是没有问题的人。如果钱先生触犯了刑律，那就按律治罪，判刑入狱，但现在不是这种情况，他不是罪犯，只是人家不要他了，失了业，但仍享有公民的权利。如果南大加以吸纳，是'人弃我用'，完全合法。""南大如果不要戏曲研究这个学科，不要继承吴梅曲学的优良传统，那就算了！如果要，正巧有这样的好机会，赶紧去把钱先生请进来！"

恰好郭影秋校长是位有魄力、有远见、敢担当的学者型党政英杰，他尊重人才、爱护人才，他从云南省省长位置上调来南京大学后，正欲为发展高教事业尽心尽责地发挥作用，切实做出成绩来。英雄所见略同。面对陈中凡一席"有花堪折直须折，莫待无花空折枝"的"将军式"说辞，郭影秋"灵机"顿动，爽快地接受了陈中凡的"风险建议"，不日就安排有关处室派人把钱南扬（全家）接到了南京大学任教，并分给一套住房，使之安居乐业。这时正是1959年9月学校开学之时。

在这一"请人"过程中，南大中文系同仁们遵奉陈中凡的经验，始终低调行事，不张扬，以防干扰生枝节，一定要待好事办成后才可对外宣告，到时什么也阻挡不住了。

命弱未必不魅人,品才终有钩沉①缘。从"天堂"被推入绝境,又从绝境步入六朝古都最高学府的钱南扬,根本就没有所谓的"历史问题",在"文革"后期获平反后,又在1981年恢复了在杭州大学失去的教授职称。他没有辜负南京大学领导和陈中凡等学人的重托和期望,以其一贯的踏实严谨、讷于言而敏于行的作风,创造性地继承发扬了吴梅曲学的优良传统,在耄耋之年还连续推出了一系列科研硕果,高品位地培植了一个曲学研究群体,著作等身,在学术界声隆誉荣,终成一代曲学宗师。

陈老中凡先生的这真实故事,可给不同群体的人留下各自的思量空间,尤其是他做事做人的眼界、胆识和智慧,我们都可以从中得到启导,悟出点道理来的。②

(原载"中国民盟网"2010/05/27,"建湖文史网—人物春秋—陈中凡研究"转载)

---

① "钩沉"出于《易经·系辞》"钩沉稽远",意思是使已经消失沉没了的东西重新显示出来。清代有两个训诂学派,其一就叫"钩沉之学"。
② 本文参考《文史知识》2010年第1期中吴新雷的《钱南扬先生的悲喜人生》一文改写。

王永健[①]

陈中凡先生与苏雪林、刘开荣的师生情缘

1959年,我从华东师大中文系毕业,考取南京大学研究生,师从著名学者陈中凡先生研读宋元明清文学史。其时,中凡师已年逾古稀,我才二十多岁。我每周去中凡师家中求教,有时中凡师或与我纵论天下大事,或回忆当年在各大高校执教的趣事。他曾多次谈及女弟子程俊英、冯沅君、苏雪林和刘开荣的故事。程、冯、苏三位毕业于二十世纪三十年代初的北京女子高等师范学校国文专修科,刘开荣则毕业于抗战期间成都金陵女子文理学院中文系。在中凡师与我谈及她们的故事之日,程俊英执教于华东师范大学,冯沅君执教于山东大学,刘开荣执教于江苏师范学院,而苏雪林则执教于台湾台南的成功大学。

1970年,当"文革"正酣之日,我曾收到中凡师大函,询问有关刘开荣和程俊英的近况。"文革"结束后,我又查阅了冯沅君、苏雪林评论中凡师诗文

[①] 作者为苏州大学文学院教授。

创作的资料,拜读了程俊英回忆和纪念中凡师的大作,深为中凡师与这四位女弟子之间的师生情谊所感动。本文仅就我所知道的情况,略述中凡师与程、苏、刘的若干遗闻轶事,从中不难窥见老一辈学者之间真诚、深厚的师生情谊之一斑。

陈先生长期执教于高等院校,不仅当教授,且在不少学校担任文学院长和中文系主任,六十年如一日,始终坚守岗位,教书育人,为我国高等教育事业做出了巨大的贡献。作为一位著名的学者,陈先生治学勤奋,涉猎广泛,著述颇丰。早年研究哲学,兼及文史,于诸子群经,皆有所阐说。中年讲授诗文,撷华揽实,追踪汉魏,推尊盛唐,晚年又致力于元明清小说和戏曲,多有创新之论。陈先生于1980年9月所撰《自传》中尝谓:"数十年来,我在国内高等院校任教,一般说来,师生情谊甚笃。"无论在北大当学生,毕业后留校当教师,还是在诸多高校当院长、系主任和教授,陈先生与老师和学生相处融洽,情谊甚笃,可谓一大亮点和特点。陈先生对患病的业师刘师培伸出援手、将出狱的陈独秀接到家中居住,当时学界士林无不传为佳话。如果说,上述陈先生对待刘、陈两位业师的事迹,充分说明了陈先生与老师们的情谊甚笃,那么,下文我们要介绍的陈先生与几位学生的故事,则可谓陈先生与自己的学生情谊甚笃的生动写照。

动乱年代挂念女弟子刘开荣和程俊英

1970年夏,我收到中凡师的来函:

永健同学:

渴别数年,经"文化大革命"运动,彼此获益匪浅,惜未得良晤,一聆倾吐耳!

昨见唐圭璋君,据称刘开荣在苏逝世,未悉果在何时?春日得渠手书,称移住无锡乡间休养,病势日有起色,已能摆脱杖策,出户步行,并拟到宁就医,岂途中不慎,因伤致命!

华东师大中文系郝炳衡(立权)、程俊英诸君近况何似?前年该校曾专人来,询及渠等在沦陷区中出处节操。惜我远在成都,未能周知。未识近况何似,并希有以见白为荷!即颂

近祉

陈中凡拜启七、十一、

信上关于"刘开荣在苏逝世"之说,实乃误传。刘先生于1968年因中风而半身不遂。中凡师函到之日,刘先生仍在天赐庄校内寓所养病。当时,我专程去拜访了刘先生,转达了中凡师对她的关心和问候,并复信中凡师报了平安。

中凡师为人正直,性格开朗,豁达大度,平易近人。他尊重师友,爱护晚辈。"文革"中,面对"抄四旧"、"占房子"等所谓革命行动,他皆泰然处之。来函虽少不了说几句时髦的套话,但他对这场史无前例的"文化大革命"很不以为然。我记得1971年,我出差到南京,登门拜访中凡师。中凡师绝口不提"文革"之事,却沉湎于年青时代与好友们亲切交往的回忆,并兴致勃勃地从一大捆书画中,找出了吕凤子先生为他所作画像、黄宾虹先生赠给他的《湖山秋兴图》……与我一起赏玩,并详细介绍了他与吕、黄两位先生的友谊。

尽管中凡师对于"文革"如此不屑一谈,但1970年夏,这场"革命"尚在深入发展中。想到华师大曾派人外调郝、程两位先生在沦陷期间的出处节操,中凡师怎能不挂念他们的近况!听到刘开荣"在苏逝世"的噩耗,想起她的不幸人生和师生情谊,中凡师又怎么不备觉伤心、惋惜,急于得悉详细情况!

刘开荣(1909—1973),湖南衡阳人。父亲刘鸿亮1925年加入中国共产党,1928年英勇牺牲。刘先生因家境贫寒,从小学、中学、大学直至研究生,都在教会学校读书。因为入教会学校,可以免费,并提供食宿。1935年秋考

入金陵女子文理学院中文系,恰值陈先生任该系主任和讲座教授。刘先生在校读书时所撰写的《唐人诗中所见当时妇女生活》一书(1943年商务印书馆出版),就是在陈先生指导下完成的。后刘先生随校西迁成都,1941年毕业,从事基督教古典文献的翻译工作,兼任华西大学文学院秘书、金陵女子文理学院英文系教师。1943年,刘先生考取成都燕京大学历史系研究生,师从陈寅恪先生攻读唐代文学。她的毕业论文《唐代小说研究》(1947年初由商务印书馆出版),陈寅恪先生因故特委托陈中凡先生代为指导。陈中凡先生原来就是刘先生大学时代的业师,又在中凡师的指导下完成了研究生的毕业论文,因此刘先生与中凡师的情谊分外亲切而深厚。中凡师曾多次与我谈到刘先生在成都学习和工作的情况。而我到江苏师范学院中文系工作后,刘先生也经常在我面前赞扬中凡师的高风亮节,称颂他的道德文章。

1948年秋刘先生留美回国后执教于南京金陵女子文理学院中文系,时任系主任仍是中凡先生。刘先生讲授中西比较文学,并兼写作课程。1952年院系调整后,任职于南京师范学院中文系,后调至江苏师范学院中文系任系主任。她因不满已有的《神曲》译本,决定重译,并撰写长达4万言的《论但丁〈神曲〉》,惜仅译了《地狱篇》,即遭"文革"之变,有关论文和译稿均未发表。在历次政治运动中,刘先生曾受到不公正的待遇,而个人生活亦不如意。二十世纪五十年代,她创作的《睡醒了的莲花》在《雨花》发表后,又曾遭到过粗暴的批判。"文革"初期,刘先生更是受到冲击,因此心情一直不舒畅。六十年代末,刘先生突然中风,当与此大有关系。

1949年力劝苏雪林回归

苏雪林(1897—1999)是位活了103岁的奇女子,她不仅是著名的女作家,一生笔耕八十载,作品多达六十五部;又是著名的教育家,杏坛执教半个世纪。但1949年后,苏雪林"销声匿迹",中国大陆无人提起这位三十年代蜚声文坛的女作家。苏雪林曾执教于苏州的东吴大学和景海女师,在百步街的寓所居住过一年多的时间,可是知者寥寥无几。至于苏雪林与恩师陈中凡先生的师生情谊,更鲜为人知。究其原因,不外有二:其一,1936年10月,鲁迅逝世之后,苏雪林在公开发表的致蔡元培先生长信中,列举鲁迅的"劣迹",力劝蔡元培先生不要参与支持鲁迅治丧委员会,并声讨推崇鲁迅的"左派"和"鲁党";其二,1949年5月,苏雪林先生不听陈中凡先生的力劝,由上海乘船赴香港,后又长期生活和执教于台湾。

苏雪林和中凡师结缘于北京女高师。1919年秋,苏雪林赴京准备报考女高师。她赶到北京时,已错过考期,于是,她在已先两年考进女高师的安庆女师的同学陪伴下,拜访陈中凡先生。陈先生为她的求学进取精神所感动,答应收她作旁听生。由于学习成绩优秀,苏雪林很快就转为在籍学生。1921年7月,苏雪林考取法国里昂的中法学院。在法国留学时,她常与中凡师通信,把她写的一些诗词寄给中凡师,陈先生很赞赏她的诗词作品,还推荐给国内的报刊发表。

1925年,苏雪林回国,与张宝龄结婚后赴上海张家。陈先生得知苏雪林住在上海的消息,便写信约她在苏州相见(时陈先生在东吴大学兼课)。苏雪林接到恩师的来函后,便到苏州与陈老师相会。在陈先生的推荐下,苏雪林担任了苏州师范国文科主任,并在东吴大学中文系兼课。1926年春,苏雪林便来到苏州工作,开始住在景海女师教工宿舍。后因其丈夫张宝龄亦执教于东吴大学,便搬到百步街寓所。1927年,苏雪林辞去苏州的工作,回到上海夫家。由袁昌英介绍,与陈源及其夫人凌叔华相识,并执教于沪江大学。

1928年7月7日,李小峰在悦宾楼所设的午宴上,苏雪林第一次与鲁迅相见。当苏雪林热情地伸出手时,鲁迅反应极为冷淡,并不起身,只微微向她颔了下首。这次初见,可说种下了苏雪林憎恨鲁迅的种子。我曾问过中凡师,苏雪林初次与鲁迅见面,鲁迅为何对苏雪林如此不客气,原因何在?中凡师告诉我说:苏雪林曾向他诉说此事,说她百思不得其解,她与鲁迅素昧平生,鲁迅为何如此冷淡！唯一可能是她与陈源夫妇是挚友,而陈源则是被鲁迅视为"敌人"的人。俗话说,爱屋及乌,鲁迅可能是"恨屋及乌"吧。当时,中凡师感叹地对我说:鲁迅如果"恨屋及乌",那也并不可取。但鲁迅死后,苏雪林的过激行为,更不足为训。

1949年,苏雪林赴香港。我曾询问过中凡师:苏雪林到香港之前有没有告诉您？中凡师是这样回答我的:苏雪林是1949年5月5日到香港,在香港时与我有过书信往来。当时,我执教于金陵女子文理学院,曾写信给苏雪林,劝她回内地。苏雪林回信说:"我'反鲁'历史彰彰,在人耳目,回去岂不危险！"我复信说:"我同一位共产党的领导干部说过,那人说,像苏雪林这样高才硕学之人,我党定要争取的;'反鲁'此事,谁能记忆,请你转告,勿以为虑。"苏雪林在复信中又说:"离开武大是不告而别,回武大也不会要我。"我又一次复信说:"我可与校长吴贻芳相商,聘你为金陵女子文理学院教授。"但是,苏雪林还是心存疑虑,不敢回来。她在复信上说:1950年是公教的圣年,许多教友将到罗马朝圣。是否回大陆,等我朝圣回来再说。是议如何？中凡师知道苏雪林害怕,不敢回来,于是回信骂了她一通,并遗憾地说:"长与足下生死辞矣！"从此中凡师与苏雪林便断了书信来往。1952年5月,苏雪林又到了法国。苏雪林由于王世杰的推荐,于1952年7月到了台湾,执教于台湾师范大学。1954年又赴新加坡南洋理工大学大学执教,一年多后返台,执教于台湾成功大学,1973年退休。

（原载《世纪》2019年第1期）

朱万章[①]

嘉瓠楼艺谭·黎雄才致陈中凡

黎雄才(1910—2001)是"岭南画派"创始人高剑父(1879—1951)的高足，属"岭南画派"第二代传人，以画山水、松树见长，是二十世纪卓有所成的名画家。陈中凡(1888—1982)是二十世纪有名的文学史家、诗人，著有《中国文学批评史》、《汉魏六朝文学》、《古书读校法》、《清晖集》等。两人分属二十世纪艺术与学术之翘楚，在二十世纪四十年代有过短暂的交集。1944年，黎雄才在成都举办画展，翌年二月，陈中凡在四川撰写了《一年来成都所见的画展》一文，对一年来在成都所观摩西画和国画展作了点评，所涉及的艺术家包括吴作人、秦威、韩乐然、商子中、李有行、丁风也、张大千、关山月、黎雄才、赵少昂、赵望云、杨乡生等。其中关于黎雄才的篇幅较多："黎雄才在岭南画家中，年龄最轻，而天才最高，功力最厚。听说他十岁即从其父开始习画，十四五岁入广州春睡画院，从高剑父游，十七八岁负笈日本，肄业于东京美术学校。去

[①] 本文作者为中国国家博物馆研究馆员、中国美术家协会理论委员会委员。

年秋末去成都,不过才二十九岁,其所作山水,超脱雄秀,已足使老宿惊叹不置。如所绘《珠江细雨》、《漓江春晓》、《峨山栈道》、《枇杷门户》、《梅溪月色》、《潇湘雨夜》等幅,都是神妙独绝的作品。但是人物画很少,间有一二幅,完全胎袭前人,似乎非其所长。花鸟也不能独辟蹊径。我们对于这位天才艺人,未免恭维过分,一面增加他的自信心,一面反足以阻碍他的进步。希望他更努力学习,由西南再到西北,以人物为中心,山水为背景,摆脱前代一切矩镬,再开辟出一个新天地来。"这一年黎雄才实则是三十六岁,文中说他"不过才二十九岁"有误。看得出来,陈中凡对黎雄才的山水画颇多赞誉,但对其人物画和花鸟画则颇有微词,认为还有很大的发展空间,并希望其挣脱前人的桎梏,"再开辟出一个新天地来"。很显然,这是对后学的嘉勉与鼓励。在1946年,黎雄才还和陈中凡有过至少一次通信,据此可看出二人早期的交游情况。

黎雄才信札凡两页,书写在左下侧印有小花的花笺上。其文曰:

觉玄先生有道:

久未奉教谕,至以为念,想近法体佳胜为祝。晚于前星期被窃,所有财物已大部分失去。幸数年来所得之画稿尚存,惟画具一部分未用而放于皮箱中,已失。当此生活环境之下,实不容易恢复。尤可惜者,为各友之书画相片和唐人写经等,其他如日记部之友朋地址杂记文件等。现虽已托各方面之友人寻查,但相信得回一部分之希望也。微现在每日只有埋头作画,不敢再想。出外跑多年而无损失,想不到回到广州会如此,言之悲慨也。匆匆不一,祝文安!

晚雄才 顿首,十二月廿九日。

这一年,黎雄才已从四川回到广州。从信中可知,他在广州失窃,丢失了画具、友朋之书画和照片,以及唐人写经和日记、文件等。在《陈中凡年谱》中,也记录了此事。有意思的是,陈中凡在收到此信后,就此事向画家好友黄宾虹(1865—1955)去函征询，委托其在上海代为查询黎雄才失窃的书画。但陈中凡的信札现在已见不到了，却留下来黄宾虹的复函。

黄宾虹信札凡两页，毛笔书写，行草书，全文曰：

斠玄先生鉴：

前奉手教，聆悉贵友遗失书画，曾向各市估关照，至今寂然无闻。此物或在他埠去销，唯精品之件，仍在本埠流通，觅之较易为力，希代转达可耳。《美术丛书》照预约留订，因近已截止，决不展期矣。专此，即颂

著绥！黄宾虹启，九月十日。

此信在《清晖山馆友声集》中注明书写的时间是1947年。黎雄才失窃是在前一年的12月，经过近九月的时间，从陈中凡致函黄宾虹、到黄宾虹"向各市估关照"，再到黄宾虹复函，从时间上是吻合的。但不知何故，王中秀(1940—2018)编著的《黄宾虹年谱》，却将此信的时间定为1929年，称黄宾虹"覆书陈中凡，云广东画家黎雄才所失窃之画，经查询未流入沪市"，而在其后所编的《黄宾虹文集全编·书信编》中，却又将此信的时间确定为1930年6月，明显有误植之嫌。在此信中所谈到的《美术丛书》，是由黄宾虹与邓实主编，初版于1911年，其后相继在1915年、1928年、1936年和1947年有再版或重印版。信中言及《美术丛书》"预约留订"，亦是和1947年重印相切合的。另一方面，黎雄才在1929年或1930年年仅弱冠，正在广州春睡画院跟随高剑父习画，与陈中凡尚未订交，谈何失画之举？

作为一个术业有专攻的文史学者，陈中凡对美术却极为关注，尤其对"岭南画派"的二高(高剑父、高奇峰)推崇有加。他在《题〈吕凤子画册〉》有"晕染法殊域，岭南数二高。熔铸任炉冶，新旧能并包"句，在《题徐悲鸿〈大吉岭〉及〈喜马拉雅山〉图》和《题黄君璧〈峨山金顶图〉》中两次提到"当代画坛(派)推岭表，二高西法肆探讨(剑父、奇峰昆季)"。黎雄才作为高剑父的弟子，也和

其他"二高"的弟子们如关山月、赵少昂一样受到垂注，自然也就在情理之中了。

黎雄才和陈中凡的交游资料并不多。他与陈中凡的信札，即是其侧影，但他因此而与黄宾虹有过间接的交流，这在黄宾虹信札中可见。实际上，早在二十世纪三十年代，初出茅庐的黎雄才就有作品一起和黄宾虹、齐白石等当时的名家耆宿参与国际性美术大展，如1933年11月，黎雄才有两件作品参加在德国柏林举行的中国美术展览会。此次中国第一批出品的画家有黄宾虹、齐白石、王师子、潘天寿、郑午昌、张大千、卢子枢、李凤公、高剑父、陈树人、黎雄才、方人定、苏卧农、周一峰、叶少秉等数十人。在1934年7月，黎雄才与黄宾虹、齐白石、王师子、汤定之、王震、余绍宋、刘海粟、吴湖帆、潘天寿、郑午昌、张大千、卢子枢、赵望云、滕白也、晏少翔、李凤公、高剑父、陈树人、黎雄才、方人定、苏卧农、周一峰、叶少秉、王梦白、鲍少游等一百多人的作品参加在瑞士日内瓦举办的中国画展。透过黎雄才在二十世纪三四十年代的展览、信札等雪泥鸿爪，大抵可略窥其早期艺术的形成及轨迹。

（原载《艺术品》2020年第6期）

四　音容篇

周镜泉

道德文章　永资楷模
——回忆中凡先生二三事

解放初期,我和陈中凡教授开始熟识。当时我在南京市军管会文艺处从事戏曲改革工作,经常召开新戏演出讨论或旧戏改革座谈会,陈老每次到会,知无不言,言无不尽,态度谦和诚恳,评述精辟中肯。会上多次接触,会后也经常见面,交往多了,受益不少。下面几件事,使我永难忘怀。

1949年,陈老年及花甲,任教于金陵女子文理学院,又因许多社会工作,工作很忙,因患腿疾,行动不便。一次,他得知迈皋桥附近南京某厂创制成功了荧光灯管,就兴致勃勃地约我同去访问,我们从市区乘公共汽车到了迈皋桥下车,他撑着拐杖又步行了一里多路,我怕他病腿支持不了,他却不以为意,说我们去访问,弄清楚他们是怎样自力更生艰苦创业的,合写个剧本。到了工厂,和厂长谈了两个多小时,但因总工程师不在,有些情况还不清楚,陈老准备以后再去。临行时,天气闷热,大雨将至,厂长很抱歉地说:"对不起,小车出去了,不能送陈老回家。"陈老却毫不介意,我们冒雨又坐公共汽车回城,到家已是浑身湿透。吃晚饭时,我说"工业上的许多名堂我不懂,怕写不成"。他却说:"不懂就问嘛,多去几趟,弄懂了再动笔。"之后,陈老因为太忙,这个计划没有实现,但他深入生活、虚心学习的精神,平易近人、艰苦朴素的作风,给我以深刻的教育。那时,土地改革、抗美援朝、镇压"反革命"、"三反五反"等运动,一个接着一个,他总是鼓励我投入运动,搞地方戏创作。剧本上演了,他都来观看,座谈会上畅所欲言,会后写文章推荐。所有这些,说明陈老热爱党,热爱社会主义事业,热心地方戏曲,体现了他同党肝胆相照的精神。

1951年金大与金女大合并,陈老任文学院院长。在课程设置方面,他大胆革新,开设新课程。当时,他约请孔罗荪同志开苏联文学,沈蔚德同志开戏剧,也约我开民间文学(当时用苏联"民间口头文学"的名称)。他说,开这些新课,让学生既要学习中国文学,也要学习苏联文学;既要了解古典戏剧,也要研究现代戏剧;既要懂得文人作品,也要掌握民间口头文学。他对戏曲改革也十分热心,他认为中国传统戏剧的优秀剧目要保留、提高,而新的戏曲也要大力创作、推广。1950年南京市办了两期戏曲人员讲习班,开学典礼他都亲临参加。解放前被国民党政府明令禁止的扬州戏,解放时已处于气息奄奄的状态,但这个剧种拥有广大的劳动观众,所以,我配合土改编写了《枪毙恶霸地主萧月波》一剧,在南京连续公演八十多场。陈老和他的老伴两次同去观看,虽然这个戏在艺术上还很粗糙,但陈老以劳动人民之好而好之,备加赞扬,认为一个戏救活了一个剧种。他多次邀请扬剧艺人房竹君等到家做客,对艺人问长问短,关心备至,他老伴对客人也热情招待,没有一点大学教授的架子。旧社会被人看不起的戏化子,解放后受到陈老的尊重和款待,无不为之感动。陈老这种深入生活,热心文艺事业,接受新事物,团结群众的踏实作风,至今还活在人们心中。

1956年,陈老参考明代梁辰鱼的传奇《浣纱记》改写了一个昆剧剧本《西施》,他把剧本给我,让我提意见,并要我合作,改编成扬剧,我说陈老的昆剧本很好,为什么要改成扬剧呢?他说,剧本词句太典雅,不易为劳动大众所接受,还是改成扬剧演出好,"阳春白雪"虽好,普及"下里巴人"更需要。虽然后来因为别的原因我没能完成陈老的嘱托,心中时常不安。然而,陈老这种关心劳动群众的情感,谦虚的态度,至今令我感动、难忘。

1957年底,我因为不可能再改编剧本,想对陈老应有个交代。我最后一次登门拜访,说明原委,并把原稿璧还。陈老见我精神不振,开导我说:"剧本还是放在你那里,作个纪念,以后再说。你要想开些,以后还能写些东西。"虽然在"十年浩劫"中,陈老的剧本已遗失,但这位长者在我心中留下的,是鼓励与安慰,给人以生活的勇气和继续创作的热望。

我最后一次见到陈老是1980年旧历除夕,我坐在又新浴池盆浴的走廊里排队等候,陈老由家人陪扶着走出来。陈老新浴之后,鹤发童颜,气色很好。我站起来打招呼,他老人家久久握住我的手,凝视着,似乎有许多话,但一句也没说。此情此景,我永远不会忘记。

中凡先生的道德文章,永远是我的楷模。

1982年7月24日于南京

(原载《文教资料》南京师范大学,1985年第1期)

孙　洵[1]

陈中凡先生印象记

我第一次见到陈先生是在1952年。那是一个星期天的上午，南京市总工会在工人文化宫主办文学讲座，主讲人是南京大学中文系陈中凡教授，讲题是《评水浒传》。听讲的人很多，连过道上都站了许多人。当陈先生走上讲台后，全场顿时一片寂静。他中等身材，戴一副眼镜，满面红光，身着一套灰色列宁装。他说："我很高兴在这里与工农商学兵各界的文学爱好者见面。三年前这是什么地方？大家都知道。"浓厚的盐城口音，抓住了听众的心情。大家知道这里解放前是"介寿堂"，名义上是原中央大学师生"献款"，为"祝贺"蒋介石"六十大寿"而建造的，一般人是不能随意走进来的。今天，我们却在这里听一位国内知名的学者做学术报告，真是时代的巨大变化啊！

陈先生详细地分析了《水浒》产生的背景，人物性格、文学风格，等等。我印象最深的是，他说，《水浒》是所有小说里写农民最早，也是写得最真实、最

---

[1] 作者原为南京市汉口西路向阳卫生院医师。

鲜明生动的长篇。他还分析"赤日炎炎似火烧"白日鼠白胜唱的山歌。讲座结束时,听众报以热烈的掌声。然后有许多人把陈先生层层围住,请他签名留念,这情景犹如就在昨天。

也许是机缘巧合吧,我于1960年春被调到陈先生住宅附近的一个卫生院工作。他常到我们卫生院来测量血压,听听心脏,有时还问一些老年人生理上变化的问题,我都一一作答。很快我们就熟悉了。陈先生发现我粗通一些文史知识,他诙谐地对我说:"一个医生上了班这么忙,业余时间搞点文学,也算是一种艺术享受嘛!"

1962年,陈先生的大儿媳调来卫生院工作,我与陈先生一家人就更加接近了。后来我能拜在老书画家张寿谷先生门下学习书法印章,与陈先生的推荐是分不开的。

我很相信一句俗话:"好记性不如烂笔头。"我口袋里老是装着两个小本本,一本记医学,一本记文学。每当陈先生回答我问题时,我都迅速地记下来。他很满意我这种做法。

我藏有一把上海周虎臣老店制作的扇面,请大方家冯若飞题诗作画。陈先生见此扇面上的诗画,仔细鉴赏了半晌,连连称好,赞"穷途之哭"这个典故用得好。冯以阮籍自喻,指蒋家王朝为司马氏。陈先生告诉我,不仅是阮籍,就是陶渊明、嵇康、郭璞、左思、鲍照等人的诗作,都有不同程度的隐逸思想。这在魏晋六朝文学史上是个特点,是和当时的历史环境分不开的。读诗还要会读,阮籍的诗在表现手法上虽隐晦,只要你琢磨,不难看出其敢于抨击黑暗政治的一面。陈先生谈兴正浓,他还和我滔滔不绝地讲起了文人画,从张僧繇、吴道子、杨惠之,谈到顾恺之的《女史箴图卷》、阎立本的《列妇图卷》,等等。我当时真感到陈先生头脑里好像藏有一部"百科全书"。

我读渔洋山人的《带经堂诗话》时,陈先生也给了我很多教益。指点我要从善求精,劝我不要先读诗,要先看看书后面夏闳写的《校点后记》,再去读读王阮亭的笔记《池北偶谈》、《香祖笔记》等。这要比张宗柟汇集的精一些。再了解王阮亭所处的环境和地位,你就会明白这个人在诗坛上为什么要独标神韵。盲目崇拜古人是要吃亏的。后来,朋友告诉我,陈先生一贯主张对古典文学遗产要采取批判继承的态度。

我记得陈先生还建议我去读读姚梅伯的《大梅山馆集》和贝青乔的《半行庵诗存》。因忙于公务,虽时隔多年,迄今都未能做到,每念及此,心中总怏怏不安。

有一次,我请教陈先生,对《双照楼集》应如何评价。陈先生沉吟了半晌,对我说,汪兆铭是汉奸,其人品自不足论,但年轻时曾求教于朱古微,虽是劣才,然早期的一些诗词写得挺激进,文字也不坏,后来也就不屑一顾了。他说汪兆铭这个人在历史上是个小丑。他还谈到龙榆生、夏承焘都先后受教于朱古微,但是人生的道路是由本人选择的。龙榆生虽不可与汪兆铭相比,可也做了很多错事,而夏承焘则潜心于学问,注重气节。事后回想,我这个发问虽唐突了些,但陈先生政治态度是明朗的,既重才学更注重品德。

1962年初春,胡小石先生因病去世后,陈先生悲痛不已,撰挽幛一联,情真意切,感人至深。上联是:"三年共学,十年共事,愧季札缟纻相投,苍茫流水高山,几人知己!"下联为:"四卷存稿,五卷存目,叹子敬人琴俱杳,惆怅凉风天末,何处招魂?"我所以能记住这挽联,是因为我抄录时,陈先生告诉我,杂志上将"季札"误排为"季扎"了,这个典故出自《左氏春秋传》,是说吴季札受聘于郑,与子产相见后一见如故,互赠缟带纻衣一事。

原来,胡小石先生与陈中凡先生1907年同在两江师范求学。因不在一个班级,故彼此并无交往。一次,陈先生与同学登扫叶楼品茗时,见墙上有对联一副:"清丝流管浑抛却,来听山中扫叶声。"不仅诗意高雅,书体亦奔放遒劲。题款"胡光炜",经同学说明,此即胡小石撰写。陈先生对胡先生的仰慕之情,油然而起。胡先生毕业去湖南长沙明德学校任教。1919年,陈先生和吕凤子先生共事于北京女子高等师范学校。吕先生也经常提起小石先生,但不知他设砚何处。次年,陈先生到杭州,途经上海时,拜访旧日师友,在李瑞清（梅庵）先生寓所见到胡先生（他正在李府教其子侄读书），两人遂相识定交。同窗于异乡相逢，欢谈甚洽。胡先生将所著《金石蕃锦集》两册赠给陈先生。陈先生读到"十年骑马上京华，银烛歌楼人似花。今日江头黄篾舫，满天风雨听琵琶。"拍案称绝，叹其"轶材秀出，非侪辈所能几及"。1921年，陈先生在东南大学主持国文系，曾推荐胡先生来校任教，后因故未能实现。从1924年起，胡、陈二位曾先后在东南大学、金陵大学等校共事，于学术问题多有切磋。陈先生常对门生弟子讲，胡先生讲授《楚辞》、《杜诗》等课程，从源流、体制、详述到修辞、音韵、风格各方面，阐发详尽，使听者无不佩服。对于书艺，他以为胡先生能刻意于"求篆于金"、"神游三代、目无二李"，遂形成独特风貌，无此功底者，只能望其项背而已。且其治甲骨卜辞，尤具卓识。陈先生常说尊重他人等于尊重自己。人各有所长，于事业而言，当取长补短、相辅相成才好。所以胡先生谢世，陈先生深叹"人琴俱杳"！

陈先生爱书如癖，藏书极丰，珍本善本亦多，并愿借人阅读。有一回，我闹了个笑话，见书架上有部《中国音韵学研究》装帧挺考究。作者署名是高本汉，我以为此公姓高名本汉。陈先生笑了起来，说这是位外国学者用的汉名。此人在音韵学上下了功夫，有一定学术价值，就连黄淬伯先生开讲音韵学课程，也参看此书。可惜本子太少，没有再版过。几年之后，由于好奇，我也想看看高本汉的那本书。在路上见到陈先生，我提出星期天上午趋府拜读《中国音韵学研究》。想不到老人家抱歉地回答我，那本书献给了国家。陈先生几次献书给国家，这也是他晚年对文化教育工作的一种贡献吧！

时间过得真快，"红色风暴"一来，一切的一切都不必多说了。陈先生这样的知名学者的遭遇更不必说了。从何时开始，按"造反派"规定，已是耄耋之年的陈中凡也要每天到南京大学去学习。我经常看到他，从南阴阳营家里出来，拄着手杖，步态蹒跚，途经南秀村，不是在钱南扬先生家门口石阶上坐一会，就是在黄淬伯先生家门前歇歇脚。然后，再站起身，缓缓地向南京大学西大门走去。大概是由于自爱吧，这个时期的陈先生在路上不与人打招呼。

有一次，我看到黄先生还扶着他一道往南大西大门走去，真是"七十照顾八十"啊，令人为之惨然。1969年底，陈先生的长子陈罔夫妇"下放"到苏北宿迁。那个时候，陈先生的生活和心情就可以想象了，然而使我佩服的，陈先生面对这一切，并不气馁，不悲观，他仍然很坦然很坚定。

粉碎"四人帮"以后，我们谈起往事。陈先生说，那个时期只好"无言胜似絮语"，对于得失也不必计较。他就是这样豁达开阔、雍容大度！

尤其使我不能忘记的是，1975年元旦我给陈先生拜年，老先生心情格外高兴，赠我一本《清晖吟稿》。这是我梦寐以求的书，半年前，我曾向老先生提及。这部诗稿是陈先生托张寿谷先生抄写的。陈先生在扉页上亲自手书"孙洵同志留念，中凡于一九七五年元旦"两行字；还盖了"中凡"、"觉元"两方印章。此书是《清晖吟诗》第四、五卷。陈先生对我如此厚爱，我是永远感激不尽的。

陈老先生谢世已二年了，我每捧读诗稿，缅怀之情油然而生，先生音容笑貌如在目前。今展纸草就数语，聊作一瓣心香奉于陈先生灵前。

昔日清晖山馆的一室，已由陈先生家属布置成幽雅的纪念室。室内悬挂着陈先生和陈师母的遗像。吕凤子先生为陈先生所作的肖像画，再现了先生气宇轩昂的风貌。我肃立在陈先生像前，默想着陈先生对我的教诲。

1984年11月

（原载《文教资料》南京师范大学，1985年第1期）

缪 含[①]

诚挚的友谊　永久的怀念
——回忆陈中凡教授与先严的交往

　　暇便高吟乐便歌,漫将身世怨蹉跎。
　　廿年浪迹恩雠少,半世蒐罗卷轴多。
　　心比蝉清惟饮露,梦惭鸥鸟每惊波。
　　古来五十知天命,壮志犹怀逐日戈。
　　　　　　——陈中凡《五十生日自述》,1938年秋于成都

　　曾上天都发浩歌,名山踏遍岂蹉跎。
　　纪游蜀国篇章富,照拂中华桃李多。
　　孤赏独耽寒菊露,壮怀欲掣怒鲸波。
　　西行万里同仇切,白阁岷江夜枕戈。
　　　　——缪镇藩《奉和觉玄学长五十生日自述原韵》,1939年春于昆明

---

① 作者原为江苏省文史馆研究馆员(已故)。

1930年，先严缪镇藩曾游学于美国哥伦比亚大学及威斯康辛大学，获文学硕士学位。返国后，应金陵女子文理学院院长吴贻芳博士之聘，任中文系主任。翌年，陈中凡世伯以部聘教授名义来院讲学。其时在中文系办公室（设于今本校老图书馆楼下），陈老与先严一见如故，从此结下了翰墨因缘。

陈老学识渊博，精研先秦汉魏六朝文，深谙诗词戏曲。在教授生涯中，兢兢业业，循循善诱，诲人不倦，备受学生爱戴。课余之暇，每与先严研讨学术，酬唱诗词；两人均雅好琴曲书画，引为同调。

犹记1935年仲夏之夜，小仓山麓随园寓所，月明松窗，清风习习，先严捧出珍藏的明代"漱玉"古琴，奏《平沙落雁》、《风入松》等曲，高山流水，幽韵天然。须臾，冰弦戛止，陈老赞叹不已，拍案而起，踪琴声曼吟："曲终人不见，江上数峰青！"

当陈老清晖山馆（南阴阳营38号）新居落成后，与我家居处相近，过从甚密，时邀先严前往抚笛，唱昆曲《牡丹亭》等，清歌婉转，引商刻羽，逸兴遄飞。陈老酷嗜收藏书画碑帖，每获珍品，必请先严浏览鉴赏，并为其题签。我时方髫龄，常随侍在侧，此情此景，历历在目。

1936年暑期，陈老应工余联欢社邀请演出昆剧《贵妃醉酒》，先严欣然携我偕往香铺营文化会堂观赏，演出颇为精采。作为蜚声国内的著名学者，平素庄严儒雅，竟然粉墨登场，在红氍毹上扮演风流皇帝，演技娴熟。若非先严从旁揭示，无从分辨庐山真面。演出后，一时士林传为佳话。

入秋，全院同仁有黄山之游，陈老相约先严联袂揽胜，攀危崖，临险壑，登天都，观云海，极目千峦，披襟畅怀，意兴勃然，先严吟诗三十余首，惜此稿已散佚。犹忆其中有"风流欲作拏云手，直上天都扪斗星"，"归来检点游山屐，足底犹留万壑云"等句。陈老即兴和韵多首，先严备加赞赏。

抗战烽火骤起，陈老携家西入川峡，讲学蓉城，先严挈眷避寇于黔、滇，虽两地暌隔，犹鳞鸿往返。陈老函中每有"国难方殷，同仇敌忾，还我河山，重聚金陵"之念。其后，陈老不时漫游蜀中名胜，探剑阁栈道，访青城幽境，上峨眉绝顶,成《蜀游吟草》一卷。其诗步武盛唐,模山范水,雄浑苍凉,爱国豪情,溢于笔楮。先严每获佳篇,吟诵甚佩,曾咏《闻觉玄学长作剑阁壮游却寄》一律云:"拥策循崖上,凌兢百八盘。猱猴啼栈壁,雾霭失峰峦。攀阁倚清汉,披云作壮观。剑南图画里,日照万山攒。"继而又作《奉酬觉玄学长见寄〈蜀游吟草〉》一律云:"烽火经年别,离愁定更增。琅玕劳远赠,琼玖报宁能。笔挟崩雷势,词雄阵马腾。蜀山攒万点,诗骨自崚嶒。"

陈老弱冠负笈春明,曾师事刘师培、陈独秀,并与李大钊相识。在革命先驱者的指引下,陈老曾高擎反帝反封建的旗帜,投入"五四"运动的洪流,后并撰有《五四人物志》稿本一册。1937年国共第二次合作,长期被禁锢于南京的陈独秀终于获释,初时曾寓清晖山馆楼上月余,备受优渥礼遇。陈老对虎口余生的前辈师长,情谊之诚笃,可见一斑。抗战期间,在蜀中时与民主人士如邓初民、沈志远等相处甚厚,故其政治观点鲜明,由来有自。解放前夕,风雨如磐,国事日非,陈老忧国忧民,经常参加爱国学生集会,有"红色教授"之称。先严屡屡与之交谈,畅抒己见。当北大校长胡适飞抵南京,委托先严将其所珍藏书稿两箱运台,并约请同行,时先严曾征询陈老意见,陈老语重心长婉言相劝说:"八年离乱,饱经忧患,爱国学人,当自珍重。"经暗示,先严乃坚辞胡适之邀。

1957年初,慈父见背,陈老闻讣,急至赤壁路寓所慰唁,泣不成声,恻然谓与先严分别方一旬,遽尔溘然长逝,疑若梦寐。我泣告"因风雪冱寒,未及护送医院,为庸医所误,竟成永诀!"陈老黯然,悲痛不已。

"平生知己古今悲"。嗣后,承陈老拳拳垂爱,常惠书召我至清晖山馆,谆谆教诲,勉以治学之道,应以"博、精、勤"三字诀为座右铭,并嘱我协助抄校《吴越春秋校注》等稿,惠赠所著《汉魏六朝散文选》相勖。陈老一生嗜书,手不释卷,其书斋图书盈架,正如袁枚诗所谓"插架琳琅万卷多"。承出示所藏蔡元培、陈独秀诸名人手札墨宝,为近代极有价值之史料。

陈老先后任东南大学、金陵大学、暨南大学、中山大学等校教授,献身高等教育事业，六十五年如一日，桃李满天下。鸿儒硕学，襟抱豁达，海内宗仰。其治学谨严，独辟蹊径，造诣深邃，对群经诸子，皆有著述。

陈老晚岁，颐养天年，精神矍铄，虽年逾耄耋，犹老骥伏枥，爱国赤诚未减当日，将平生所庋藏书画，全部捐献南大及南京市文保会，以资留念。

1973年，陈老已届八十五岁高龄，双目白内障严重，又将其诗稿重新删定，改署《清晖吟稿》，请友人苏昌辽洗斋手写成册。洗斋写竟，曾题二绝于其后：

> 同光诸老尚诗歌，流派江西渐入魔。①
> 虽拜石遗深邃密，清新犹得盛唐多。
>
> 手写诗篇逸兴飞，清修喜得伴清晖。②
> 卷中名姓多相识，身世凭谁论是非。

苏洗斋与先严及陈老皆友善。先严见背，洗斋亦有挽诗云：

> 电讣传来夜不眠，鬓衫风采忆翩翩。
> 一生辛苦缥缃里，二月难忘丁酉年。
> 恹笛不闻临水韵，品茶那得勺山泉？
> 歔欷犹记尊前语，遗稿将删存百篇。

陈老逝世，洗斋有挽诗云：

> 贻笺百幅墨犹新，卅载追陪竟梦尘。

---

① 张广雅诗有："江西魔派不堪吟"之句。
② 丈诗集原署《清晖山馆诗钞》，今改《清晖吟稿》。

论学别裁归海岳,谈诗邃密辨清真。

解衣推食公怜我,刻烛催书吾愧人。

鬓影依稀成幻化,空留遗爱忆谆谆。

今陈老、先严俱归道山,慈容清诲,宛在目前。巍巍钟山,悠悠逝川;往事如烟,前尘梦影;每诵遗诗,百感交集;泫然追记,永志系念。

（原载《文教资料》南京师范大学,1985年第1期）

周梦庄

我与陈中凡先生的交往

民国十八年(1929)盐城县长丹阳林立三奉令重修盐城县志,聘请邑人胡启东、陈中凡两先生任总纂。修志局成立后,函聘地方人士作参订和采访的有百许人,我是其中之一。

民国二十年(1931)秋天水灾,县境水深效尺,堤圩悉破,尽成泽国,难民遍地,交通阻隔,上海报纸滞延多日才能看到。其时日军侵略沈阳等处,人们关心国事。因兹,西南派士绅倡办地方报纸,取名新公报,登载中央电台新闻消息,邀我负责总编辑。因得时诣启东先生修志局咨询请业。中凡先生任教南京国学,有时往来南北游息无定,修志事不克躬亲。余由启东先生绍介,得以时通函札。

抗战期间,先生入蜀,余避居沪上,多年雁杳鱼沉。建国之后,先生执教于南京大学,余亦归里,在盐城县政协会工作。为了响应周总理"把亲身经历或见闻的历史事实记录下来,传之后代,教育后代"的号召,曾于1962年、1964年先后编印了《文史资料选辑》一、二两辑。寄给先生请教正误。在

1963年7月6日,他寄来一信说:

梦庄同志,久来通书,至念贤劳。顷随省政协参观团到南通,为期一月,过张謇墓园,叹其规模宏伟,不亚帝王,因忆其民初创办通海垦殖公司,驱逐盐阜灶民,如驱蚊蚋,赖乡人刘障东诣京控诉,挫其凶锋。闻障东流寓沪滨,犹在人间否?尊编《文史资料》第一辑详述岑春煊泰和盐垦,独未提及张氏,未免可惜。乡人有详其事者,祈为探访见告,是所至嘱。近以两目生白内障,不能正书、多书,并希谅之。此颂近祉。陈中凡拜手。

接信后遂作了简单回信。此后不久我因病住医院,病榻无聊,回忆办报时副刊"苗圃"经常登载宋泽夫先生的小品文字,有盐城的谣谚若干条。后来我又陆续搜集不少。病中移抄一册,分为十三类,约三千条不足。

记得如占候类云:日晕三更雨,日晕午时风。四月八,大风刮,十条沟,九条挖。四月九,大风吹,乌云登在锅门口。农业类云:麦怕清明连夜雨,稻怕寒露一朝霜。俚谚类云:乡下人是泥腿,街上人是油嘴,泥腿不动,油嘴合缝。商业类云:关公要卖马,周仓不画字。阎王开饭店,鬼也不上门。医卫类云:狗咬人有药治,人咬人没药医。身体类云:肚饥糠也好,饭饱肉嫌肥。生活类云:吃饭抢大碗,做事跑得远。格言类云:当家方知柴米贵,养儿才知父母恩。箴戒类云:田怕走斜道,人怕起绰号。讽刺类云:吊的儿子的纸,抓的老子的周。砭俗类云:家有贤妻,男人不遭横事。此外歇后语收入若干条,如:孙猴子跳加官,人面兽心。黄鼠狼给鸡拜年,不存好心。张果老倒骑驴,不愿见畜生的面。独眼龙骑驴,只看一半。盐城人嫁女儿,挨黑进门。猪八戒照镜子,里外都不是人。史家巷的鬼,拣家里人迷。阎王出告示,鬼话连篇。瞎子拜丈人,有眼不识泰山。

我曾经把这些资料摘录了部分与前言寄呈,请中凡先生作一篇小序。记

得是1963年10月5日邮寄的,至月底得到复信和序言如下:

梦庄同志:本月五日手书奉悉,我因两眼生白内障,不能阅读,不能缮写,故迟迟未能奉复。兹勉力应命,草草不能多书,乞谅之。即颂近祉。弟中凡拜启。

盐城谣谚资料序
陈中凡

我服务南京大学中文系戏曲研究室,现在在纂辑《宋金元戏曲辞典》,并附录三朝的民间成语。认识到言语是表现思想感情的工具,它本身是没有阶级性的。至于人们的语言,则随着各个阶级的不同而有各种差别,反映各种阶级和阶层的思想意识,见到它们之间复杂的关系,就是阶级斗争的关系。

邑人周梦庄同志把他继宋泽夫先生之后所辑录的《盐城谣谚资料前言》寄示,并附录"歇后语"一类凡数十则,其中说"乡下农人"的,如说"乡下人挑粪,两头死(屎)";"乡下人不识澡桶,长呗(缸)";"不识穇子,怪道(稻)";"不识麒麟,有钱的牛";"乡下人买百合,找苦吃";"乡下妈妈吃海参,头一回";"乡下妈妈带斜瓜花,老式头";"乡下人卖磙子,没心打场"之类,共八条之多。表面上极尽嘲笑讽刺的能事,而内容却那样贫乏,辞气又那样浇薄无聊。

再看乡间农民回答他们的,只有两条。一条说:"当衙门的,红黑变脸。"一条说:"街上人认不得牛屎,硬强(酱)。"内容比较丰富,辞气又相当尖锐。于此可以见到农民和市民阶级斗争的一个片断。如果看到全书,必然有更多的收获。姑俟他日再说,先写这几句简单的意见,质之编者,以为如何?

按我搜集的《盐城谣谚资料》抄录一大本,被友人寓居上海的王知四借阅,承他的善意,交给芦芒同志打算付印,不料他遭车祸而逝世。芦芒不久也归道山,此稿本下落就不明了。幸好,中凡先生的亲笔序,我还保留着。

在1959年以后,我每次到南京都要到阴阳营先生家中去拜望。有一次谈到他收藏的书籍文物字画,我知道他的六位令郎都不是搞文学的,曾经建议在他的身后捐赠给家乡图博两馆,辟专室陈列,作为永久纪念。他非常赞成同意,很为欣慰。其时我已经向盐城当道倡议成立了图书博物两馆。后将此事告知图书馆还珏同志,曾往南京专诚拜谒,亦蒙允诺。不料"十年内乱",竟成虚愿。

"文革"运动后期,听说他的所藏发还部分,曾经去函询问,得到他的答复如下:

梦庄同志台鉴:

本月六日惠书奉悉,敝处于六六年夏六月"文革"运动发生之初,因走资派扶植之黑字兵来势迅猛,即约系中青年教工二十余人到宅,将所有藏书万册以上,尽数捆载,送南大中文系资料室保存。尚余日常用书千余册,六八年在工、军宣队号召下,又将残存书籍,除马、恩、列、斯及毛主席著述外,扫数送交学校。遂将书架拆除,当木柴出售。

同时将历年搜藏的元、明、清人书画百余幅,一同交出。金、石、陶、磁古器物数百件,送市文管会接收,宅中至此,空无所有已。

至七一年运动告一段落,校中通知收回,我以宅中书架业已拆除,无法藏庋,只有尽数捐赠学校,由系资料室编成目录,转送学校图书馆,至今尚未整理就绪。主权已非我有,不能再加措理已。承示还珏同志提及之宿诺,本应久要不忘,奈运动卒起,未容追忆,所有插架之载籍及盈箱之书画、古物,已全部脱手。兹奉大札,提及前约,令我愧悔无地,实非始料所能及,尚希曲原,勿以为过,幸甚,幸甚!

至拟写之《中国戏剧史》及《宋金元戏曲词汇》,运动期间并归停顿。去秋拟恢复研究工作,曾分配教工,助我续写。论者以为是复辟资本主义,遂作罢论。

年来两耳重听,两目生白内障,视听已失去聪明,对著述无能为役。借此藏拙,亦属大幸。并以奉闻,率此奉复。并颂近福不备。还同志同此致候。

乡末学陈觉元拜启
一九七三年四月十日

(原载《盐城文史资料选辑 第4辑》,中国人民政治协商会议江苏省盐城市委员会文史资料研究委员会)

程俊英[①]

陈中凡老师在女高师

1918年仲夏,北京石驸马大街女子师范学校附设的国文专修科学生,在教室里座谈一年来学校生活的感受。大家认为班主任戴礼是一个老朽,讲授《礼记·内则》"男主外,女主内"的封建滥调;国文教师陈树声传播桐城义法的陈套。学校门禁森严的看守,家长"通知簿"的束缚,学监日夜的检查,绿布制服的装束,一切的一切,都迫使学生过着笼中鸟般的生活,吸不到一点新鲜空气。大家都说:与其窒息而死,不如抗拒而死。于是上书校长,请求撤换戴礼、陈树声之职,另聘高明者为师。校长见大势所趋,无可奈何,只好答应我们的要求。历史教师王家吉先生闻讯,立即向校长推荐北大哲学系的毕业生陈中凡老师。经过校长、介绍人、陈老师三方的面商,决定聘请陈老师担任"级任"及"经学通论"、"诸子通谊"、"文字学"三门课程。

不久,请陈老师为"级任"的消息传开了,同学们都很满意。转瞬间,已放

[①] 作者为华东师范大学中文系教授。

暑假,回家的回家,还乡的还乡,只有几位同学仍旧住在宿舍里。有一天,我从家到校探望她们,冯淑兰(沅君)说:"家兄在北大读书,了解陈老师的一些情形,他说陈老师是北大预科补习班的国文教员,家学渊源,博闻强记,其治学方法颇受刘师培先生的影响。加入北大办的'进德会',主张六不主义(不做官、不纳妾、不吸烟、不喝酒、不嫖、不赌),颇受蔡元培校长的影响。"我说:"是呀,家父是北大教授,说蔡校长办学的宗旨只有'兼容并包'四个大字,国故派也好,新潮派也好,都请来当教授。连拖着长辫子的复辟派辜鸿铭也请来了,因为他精通三国文字,留学生,有专长。"说着大家哈哈大笑。钱丞在旁插嘴说:"陈老师既是刘师培先生、蔡元培校长的门生,一定会传授他们的学术研究给我们,会聘请传道解惑的老师来教我们的,真高兴!"大家都抿着嘴点点头。

第二学年开学的第一课,陈老师首先宣布他决定将北大的名教授聘请到我级兼课的方针,并谈了他办刊物的设想。果然不久,李大钊、胡适、刘师培、黄侃、周作人、林损等陆续来校任教,他们给禁锢闭塞的女高师,带来了一股清新的革命气息与朴学之风。在李大钊老师"社会学"和"女权运动史"两门课上,我们第一次知道了马克思主义和共产主义。了解了俄国十月革命的一些情况,以及世界劳动妇女争取自由平等的动态。次年,他又加授"伦理学"一课,深刻地分析、批判封建伦理道德的实质及其欺骗性。李老师大力介绍《新青年》、《每周评论》等刊物让我们阅读。其中《青春》、《今》、《我的马克思主义观》等文,给我的教育尤为深刻。《孔雀东南飞》话剧是"五四"运动后我级同学的集体创作,借教育部礼堂公演四天。演员由我级同学担任,我扮刘兰芝,导演者就是我们最尊敬的李大钊老师(见李星华同志《青年的良师》)。陈大悲先生搞化装布景(见《晨报副刊》)。《孔雀东南飞》虽为历史剧,但在当时演出,有着深刻的现实意义,体现了"五四"时代知识界妇女要求摆脱吃人的封建礼教的束缚,争取婚姻自由的强烈愿望。同时还对一千多年来文坛上轻视艺人、轻视俗文学的旧传统作了有力的反抗,时人称之为革命的话剧。

胡适老师教我们"中国哲学史",讲义是用崭新的白话文写的。《新青年》中的《文学改良刍议》一文,提出"八不主义",给我们的影响尤大。过去我们一直作文言文或骈文,经他在课堂上的分析、鼓吹,从1918年起就不作堆砌辞藻、空疏无物的古文了。当时我渴望能读到全部的《新青年》,而我校图书室却不订这类杂志。我鼓起勇气到南池子胡老师家求借,他慷慨地把书橱里全套《新青年》取出来交给我。回校以后,我一口气从第一卷读到末卷,顿觉头脑清新,眼睛明亮。当时的胡老师,确将北大的文学新风,吹到了女高师。刘师培老师担任《文心雕龙》课程,黄侃老师担任中国文学史和诗歌选作课程,我们从中了解中国的文学理论和文学发展的概况。刘老师学问渊博,对经学尤有研究,素为陈中凡、黄侃老师所敬仰。他介绍《国粹学报》让我们阅读,初步吸取他有论有据的治学方法。当时他患肺病,咳嗽不止,学校雇马车接送,不到一学期就不能来了。黄侃老师教法很新颖,登上讲台,他让我们先出一个题目,如《拟古诗十九首·青青河畔草》,自己在黑板上先示范作一首,接着让我们在台下也各拟一首,然后又在黑板上写一首古人的拟作,讲解《青青河畔草》运用迭字的艺术特点。师生诗和古人诗作比较,课堂上显得特别活泼,黄老师确实提高了我级诗歌习作的水平。他学问广博,有时谈文学训诂,有时涉群经诸子,同学们称之为才子老师。回首当年,我们有幸亲聆这么多以道德文章著于世的名教授的指引,都全靠陈老师的热心延揽和推荐,他给我们的教益,是远远超出他所授的三门课程之外的。

1919年春,陈老师对我们说:"北大办了较多刊物,效果良好。你们平时作了一些诗文,苦无发表园地,我主张每年出一期《文艺会刊》,何如?"大家举手赞成。于是他开始筹备、编辑,并在刊首写了一篇《文艺会刊缘起》,然后分门别类登载我们的诗文。《会刊》于"五四"运动时问世了,各校学生纷纷订购,销路很广。1920年,出第二期,陈老师在该刊上发表《文科进行之方针》及《学术思潮与教育主义之改进》两文。1921年,出第三期,陈老师发表《一年来教授训练的经过和将来的希望》的演说辞。这些文章,都阐述了陈老师在女高师办学和教法的精神。他以办会刊激励我们勤学勤作,培育之恩,没齿难忘。

记得1919年"五四"的次日,上午上课,陈老师登上讲台,严肃地对我们说:"五月一日和二日两天,开巴黎和会,日本和英、美勾结,强迫我国承认廿一条、日本承继德国在山东主权的侵略。这已激起全国人民的愤怒,不许北洋军阀政府在和约上签字,而卖国贼的回答是非签字不可;这更激起学生的反抗,举行了三千多人的结队游行,火烧赵家楼。警察厅派人逮捕了许多学生,高等学校多半罢课。"这是陈老师传播的消息激励了我们,早已蕴积在我们心底的那股冲破一切封建樊笼,建立全新的科学民主中国的爱国火焰勃然而起,我和同学们在李大钊、蔡元培老师和北大学生的指导下,参加轰轰烈烈的"五四"运动,我们的口号是:"罢不罢,看北大。"六月三日那天,我校学生自治会开会决定次日游行,上书总统,提出释放被捕学生,学生讲演自由、罢免卖国贼的职务等内容。到了新华门,总统府要人不敢出来,仅派代表陈某接见,态度谦虚,答应释放学生,其他三日内一定回信。我们认为满意,始结队归来。不料就在校门口遇到陈老师,他把一位同学拉到路旁,气冲冲地告诉她说:"你们这次游行,校长归罪于我和吕凤子先生(图画科级任),我们已经辞职,即日离校,请转告大家。"同学们闻讯勃然大怒,于是又召集会议,决定草拟驱逐校长方还宣言,数他十大罪状,印成传单,昭示群众,并寄至教育部,要求撤方还之职。教育部知众怒难犯,立即免方还职,委毛邦伟为校长。毛校长乃继续聘请陈老师及李大钊、吕凤子老师回校。今天回想起来,由于陈老师将北大学生火烧赵家楼情况告诉我们,使女学生也能参加"五四"爱国运动的行列,搞起游行、街头讲演、开会、办《女界钟》刊物等干政活动,接受新思潮、新文化的洗礼,打断封建的"外言不入于阃"、"男女授受不亲"等锁枷,开始过着自由平等人的生活,饮水思源,不得不感谢陈老师诱导之恩。

陈老师在我级讲授"经学通论"、"诸子通谊"、"文字学"三门课程。教学非常认真,每星期要发三种讲义,一次约十余张,都是油印的。讲授时,还有补充的笔记，引证翔实，不尚空谈。《经学通论》讲义的内容，除释群经的名称、作者、篇数、内容、传授的渊源等外，还有各家和自己的评论。给我印象最深、受益最多的，莫如陈老师的教学方法：第一是"选读经文"，他说："不读经文，等于空论；熟读经文，触类旁通。"第二是"离经辨志"，他说："离经，即标点句读；辨志，即断章写段落大意和全篇大意。"第三是"诠释训诂"，他介绍清代注经名作，如《尚书》，介绍孙星衍《尚书今古文注疏》；《诗经》介绍陈奂《诗毛氏传疏》等作参考，让我们动手用今语注古语。我过去在私塾也读过经书，而且背得烂熟，可是，就是像和尚念经，不求甚解；经过陈老师的指导，才达到三到（眼到、手到、心到）的境界，获益不少。《经学通论》这本讲义，于1923年在东南大学出版科出版。讲授"诸子通谊"课程，陈老师先让我们读《庄子·天下篇》、《史记·太史公自序》，介绍九流十家学说的渊源，以及有关诸子的传记，然后让我们精读诸子的代表作，其指导方法与读经同，打下了我们经部、子部的基础。同时，让我们各买一部《百子全书》略读，他说："此中有伪书，不可盲从，应加辨别。"《诸子通谊》讲义，于1925年在商务印书馆出版。陈老讲授"文字学"仅一年，只讲六书象形和音韵部分，次年，由顾震福老师继任。短短的两学期，便通读了许慎《说文解字》和段注，略解我国文字形声义结构的常识。总之，陈老师以乾嘉时代朴学之风，传授其渊博的学术造诣和踏实的治学方法，使我级同学粗通经、子之学。我毕业以后，在教学中，继承陈老师的衣钵，指导学生攻读，收效显著。

1928年，陈老师在上海真如暨南大学任教，次年，兼任文学院院长之职。时先夫张耀翔教授和我亦应郑洪年校长的聘约，到暨大教书，住在暨南新村四号，陈老师住在十八号，相距甚近，时常互访。当我们抵沪的次日，陈老师假北四川路一个广东菜馆为我们洗尘。他说："暨大是一所华侨学校，学生程度参差不齐，不容易教。郑校长为了广揽人才，教师薪金比别校高，陈柱、张凤、曹聚仁、周谷城、汪静之等，都是他请来的。"陈老师又相继聘请几位思想进步的教授李达、邓初民等来校任教。后来上海国民党指使三青团学生干涉校政,陈老师愤而辞职。大家都不知道他何时离开校园,竟不得送行,而他那一股不屈不挠的风格,引起了同道者和私淑的敬仰。

大约是1959年,陈老师到上海参加民盟会议,他托人请我在他下榻的国际饭店相会。当我们赶到,他已坐在饭厅等候了,一手紧握着耀翔的手,一手握着我的手,笑逐颜开地说:"多年不见了,很想念;今晚借这短短时间,谈谈天。"我点了鱼、虾、素什锦等几盘菜,藉表尊师之意。他吃得很少,告诉我说:"老年人晚上不宜吃得太多,不卫生。"饭后,到陈老师房间休息,他说:"解放前,我东教书,西教书,总不安宁;现在一直在南京大学教书,生活安定,才有多余时间搞社会活动,感到晚景的幸福。"说着在包里取出一张陈老师和师母合拍的照片,笑着说:"这送给你们作个纪念。"这张照片,我至今还保存着。

1960年初夏,耀翔中风住进华东医院,数日不醒。继患肺炎,发高烧。我焦急万分,不知所措,只好向学校请假,住院护理。忽见陈老师病了,亦住院治疗。他红光满面,精神焕发,在伏案研究戏曲,有时穿着病员蓝格棉布外套在医院花园里散步。陈老师说:"我急需参考臧晋叔的《元曲选》,你到师大去取,你不去,我就向郝炳衡借。"我当时犹豫不决,深恐耀翔病情突变。后决定叫一来回汽车,仅用一小时便赶回医院,将《元曲选》交给陈老师。这时,我才知道他研究的兴趣转移到了戏曲。

前七八年,留沪几位同学在罗静轩家聚餐座谈,回忆往事。大家异口同声赞扬陈老师在女高师的辉煌业绩;他继承蔡校长兼容并包的办学方针,请了北大多位名教授到我级任教。办了三期《文艺会刊》。引导女学生参加"五四"运动,开女子干政的先河。打好了我们的国学基础,受用无穷。临行时,还将我们寄托给多才多艺的胡小石老师,获益良多。"十年动乱"中,他还托人打听我们的下落,还和我通信,关心备至。陈老师在女高师时曾患胃病,经常失眠。由于平时养生有道,年逾九十,还能到北京开会,实在可喜。大家都说:"我们身体远不及陈老师,不能赴宁探望,应该起立举杯,在此遥祝陈老师健康长寿。"

际此南京大学为陈老师举行百岁冥寿典礼,我因病不能参加拜奠,耿耿于怀。而他那刚正不阿的光辉形象,犹在眼前。特别是精忠报国、爱党爱民的精神,"六不"主义的高贵品格,毕生献身教育的美好志趣,踏实细致的教学方法,兼容并包的办学方针,丰富多彩的古典文学论著,典雅纪实的诗歌创作,优美恳切的序跋散文,不辞劳苦的社会工作……这一切都使我们不能忘怀。的确,清晖山馆主人是永垂不朽的。

1988年冬于上海华东师大

(原载《古典文献研究》南京大学出版社,1992年)

蔡尚思[①]

中凡真不凡
——纪念陈中凡教授诞辰一百周年

陈中凡教授生于1888年,卒于1982年,活到九十四岁。从1918年三十岁时写出学术论文,到停笔为止,陈先生在六十多年的学术生涯中,既博且专,著作等身,勇于争鸣,建树良多,为我国学术发展做出了应有的贡献。

我认识陈中凡先生,始于1929—1930年,当时我俩同在上海大夏大学任教。不过交谊尚不深,多在教员休息室里寒暄而已。

从1934年秋天起,我到南京龙蟠里国学图书馆住读年余,彼此才过从渐密。数年后,王宏实托陈先生约我将作为《中国思想史通论》绪论的《中国思想研究法》,先在《学艺杂志》发表。为此,陈先生曾接连三次来信催稿,过誉拙作是"体大思精之伟著",指出"不宜长此秘而不宣"。以后,又当面对我说:"你这部书,我有八字评价:资料最富,见解很新。"并在为无锡国专的刊物撰文时介绍了这本书的特色。当时陈先生已是著名学者,而我还是年轻教授。

---

① 作者为复旦大学历史系教授。

他对我的赞誉,我自愧不敢当,但却反映了陈先生对学术界青年力量的关怀、鼓励和支持。

1935年暑假,蔡元培师介绍我去南京金陵女子文理学院(原名金陵女子大学)任教;与此同时,沪江大学校长又请陈先生去上海任教。陈先生的家就在南京金女大附近。于是,他商请同我对调工作单位,说两校今年均获得一笔经费,作为聘请一位"文史特种教席"(即文史特别讲座)之用,机会均等。为照顾陈先生的家庭生活,我同意对调,愉快地去了上海,而他则仍留南京。

我和陈先生的友谊最值得纪念的一件事,是我们曾经相约合著《中国思想史通论》。陈先生自愿承担艺术思想与宗教思想两部分。他对中国的艺术思想很有研究,多年来搜集了很多材料;对宗教思想也比较重视,颇多研究心得。而这两部分,正是我较少研究的方面。陈先生肯同一个二十多岁的我合作著书,又一次体现了他提挈和鼓励后学的精神,是我求之不得的。我诚恳地请求陈先生为我们正拟合著的《中国思想史通论》撰写绪论或前言。他却认为我曾在南京国学图书馆选出了几百万字的思想史资料,十分谦虚地要求我来写绪论。这就是上面提及的《中国思想研究法》,后由商务印书馆先行出版。今天回想起来,幸好在陈中凡先生以及蔡元培、柳诒徵、顾颉刚、嵇文甫、欧阳予倩等师友的鼓励和支持下,得以保留下这部"绪论";而我以三十年时间写成的《中国思想史通论》正文初稿,却在"文化大革命"中遭到劫难,至今下落不明。而陈先生分工的艺术思想和宗教思想部分的手稿,也很难有确切的消息了。

我还记得,抗日战争时期,我随沪江大学仍留在号称"孤岛"的上海。陈先生曾主动地多方为我联系,先后要我到内迁的中山大学和齐鲁大学任教。但因上海与内地相距很远,战时交通益加困难,有些人化装逃离上海,中途仍被日本侵略军押了回来,因而终于未能去成,辜负了陈先生的一番好意,失去了一次向陈先生学习和合作的机会。

解放以后,陈先生曾来上海华东医院休养,来信约我去医院畅谈。一见面,他首先问我:你在解放战争期间每月都发表几篇文章,为什么现在反而不大为报刊写文章了呢?我答以社会政治情况和党的地位的变化,本人也兼任学校行政工作,政治活动和社会活动增多,和解放战争时期的情况已不能同日而语了。过后,有一次我去南京拜访陈先生。他不在家,夫人招待了我。据她说,陈先生由于三年来洗冷水澡,以致患了关节炎。我心中很不以为然,但又不便同她争辩。自觉洗冷水澡时间比"三年"要多到好几倍的我,并没有患什么关节炎,为此而担心陈先生的健康。1978年10月,我参加山东召开的一个学术讨论会南归,在南京大学住了几天。从南大到陈先生家没有多少路,我即前往探望。他一听说我来了,就说:"我的眼睛快瞎了。你走过来给我看看,不知我还能不能认出你?"我走到他的面前,他紧紧地抱住我,上下左右看来看去,两人面对面大约只有一二寸的距离,那神情深深地感动了我!想不到,这是我们最后的一次见面了,四年后,陈先生即离开了人世。

陈中凡先生的一生,是不平凡的一生。综观其学术思想上最不平凡之处,我以为主要有下列几点:

第一是博通。用旧话来说,是指经、史、子、集四部;用新话来说,就是指文字学、文学、艺术、史学、考据学、哲学、宗教学、教育学、目录学、校勘学等。陈先生无所不学,无所不包。一生著述甚丰,经学方面有《经学通论》,哲学方面有《诸子书目》、《两宋思想述评》,政治方面有《中国民主思想发展史》,文学方面有《中国文学批评史》、《中国韵文通论》、《周秦文学》、《汉魏六朝文学》、《汉魏六朝散文选》,教育方面有《民主与教育》,综合性著作有《古书读校法》、《清晖山馆散文集》、《清晖集》(诗文集),等等。此外还有很多有关各学科的单篇论文,以及没有最后完稿的书稿。一位学者,能有如此多方面的成就,是不多见的。他的老师陈石遗的赠诗有"子今研究遍四部,考订著作双沈醋"之句,他的学生冯沅君认为:"先生之学,综群经,贯百氏",而诗更"醇雅雄厚,风骨自高,吟坛推作手焉"!

第二是专长。古来学者,有的博通而不专长,有的专长而不博通。陈先生独对此二者兼而有之。陈先生是一个多面手,而头一个专长就是中国文学史和艺术史。陈中凡教授不失为"中国文学批评史"一类著作的开山祖师或首出权威。他著的《中国文学批评史》一书,出版于1927年,由中华书局印行。十年后,这一方面的专家如郭绍虞、朱东润、罗根泽等,无不受了他的影响而各写出一部同类著作。因而郭绍虞等对陈先生是念念不忘的。至于陈先生同年著的《中国韵文通论》一书,也可作如是观。

第三是勇于争鸣。陈先生在文学上发表与人们不同的见解,并不始于解放后。但建国以来在马克思列宁主义的指导下,在百家争鸣、百花齐放方针的指引下,陈先生对于中国古代著名的小说和戏曲,如《西厢记》、《牡丹亭》、《水浒传》、《红楼梦》等,都有了新的看法,其中尤以评赞汤显祖的《牡丹亭》和关汉卿的《窦娥冤》等名著的篇章为突出的代表。单就《西厢记》一书,陈先生就曾与杨晦、赵景深、王季思等展开了热烈的讨论。就此而言,陈先生是越老越有争鸣的勇气。

第四是广交新旧师友。陈中凡先生有许多以旧学问著称的老师如刘师培、黄侃、陈汉章、陈介石、陈石遗等,也有许多以新思想闻名的师长如蔡元培、陈独秀、李大钊等。在同学同事中,则有沈志远、马哲民、李达、邓初民、嵇文甫、李相符、顾颉刚、许德珩、胡小石、孙德谦等名人。陈先生的学生更是"桃李满天下",诸如王季思、冯沅君、苏雪林、陆维钊、唐圭璋、詹安泰、吴三立等,不胜列举。据说,师友们写给陈先生的书信,至今存有六百封之多。

第五是思想进步。先生在清末曾参加光复会,在民国时代加入国民革命军,积极支持女高师学生争取自由平等的女权运动,反对盲目复古的学衡派,不赞成提倡尊孔读经。尤为可贵的是,在旧中国年龄较大的学者专家中,陈先生独能率先初步学习马克思主义理论,这是十分难得的。陈先生的师友如陈独秀、李大钊、李达、沈志远、马哲民、邓初民、嵇文甫等,都是新理论家,给予陈先生以相当的影响。陈先生在三十年代就试用马克思主义观点研究中国学术,解放后更有了进一步的提高。

在这里，还应该特别指出的是，陈中凡先生毕生做文化教育工作，在教育行政上具有民主作风。他最钦佩蔡元培老师主持北京大学采取兼容并包的人才主义方针，认为中国自有西方新式的教育以来，大学校长中没有一个比得上蔡元培。蔡元培用人只论有否学问专长而不论其他，但坚持以新派为主而不搞新旧不分的调和主义。陈中凡先生亦常有机会主持大学行政工作。我试把陈先生和蔡元培老师作一比较：蔡元培作为一个大学校长，可在一校范围内采用兼容并包的方针；陈先生只做一个学系的主任或一个学院的院长，只能在一个学系和一个学院内采取兼容并包的方针。如陈先生于1918年任北京女子高等师范学校国文部的主任，就把北大的新派李大钊、胡适等，旧派刘师培、黄侃等，都请来任教。后来，陈先生任暨南大学文学院院长，也加聘新派许德珩、李达、邓初民等出任系主任或教授。这些都是明显的例子。陈中凡先生在中国近现代教育史上，可以说是作用范围较小的蔡元培。他的教育经验是很丰富，很可贵的。像陈先生这样的好院长、好系主任，实不多见！

陈先生在解放前的原名是"钟凡"，解放后才改为音同而字不同的"中凡"。我无论从学问、思想、立身等方面来看他，都是很不平凡的。从"钟凡"到"中凡"，也可以想见陈中凡教授越来越自谦，越老越同人民大众站在一起了。据说，陈先生在"文化大革命"中，把自己多年收藏的图书、字画、古物等分别赠送给南京大学与南京博物院，未遭破坏。又把自建的三幢房屋，赠给国家办大学。这些也是陈先生晚年爱党爱国的表现之一。

在陈中凡教授诞辰一百周年之际，我就以回忆往年和评述其一生，来纪念这位不平凡的良师益友！

1988年元月写于复旦大学

（原载《古典文献研究》南京大学出版社，1992年）

陈　惺、陈　旭、陈　辉[①]

追忆父亲陈中凡

父亲离开我们快二十年了，一直想写一篇纪念他的文章，但是总感很难提笔。因为我们对父亲的了解，确实不如他的学生。每当有学生到访，他总是有说有笑，而对子女则不多言谈。父亲在家，大部分时间是在他书房里看书写作；因为每天睡得很晚，中午的午觉是不可少的。这两段时间是我们绝对不可打搅的。吃饭时虽在一桌，但又不允许大家边吃边说话。每天只有晚饭后，父母一起散步，我们跟在后面，听父母亲切交谈。这大概是我们最感温馨的时刻了。

自古人们常以道德文章来评价一位文人。父亲的文章不用我们说。父亲的道德，首先以他和母亲的恩爱始终上就可以充分体现出来。在他俩出生的年代，婚姻自然是包办的。当时又很少送女孩子去念书，母亲基本是文盲。两人文化上差距甚远，而且父亲从北京大学毕业后，第一个任教的学校就是

[①] 作者为陈中凡先生的二儿、五儿、六儿。

北京女子高等师范,三十刚出头的老师和学生差不了几岁,但父亲从北大一毕业就把母亲和大哥大姐接到北京安家,一生从无二心。后来在南京定居,父亲只身到上海、厦门、广东等地教学,特别在广州中山大学,校长邹鲁曾劝父亲娶小老婆,被父亲断然拒绝。父亲在生活上给自己规定了三条:不抽烟、不赌博、不纳妾,并信守一生。

母亲虽然不识几个字,但是她非常贤惠而且能干。可以说父亲的一切成就,都因为身后有母亲这样一位女人。母亲承担了家庭治理、教育子女等一切责任,从不让父亲在这方面分心。而且父亲年青时因胃病而十分瘦弱,全亏母亲精心调理,中年以后反而逐渐强壮起来,直至安享天年。父亲除了治学,在待人处事上虽不能说是一窍不通,也确实不如母亲明白。所以除了学术问题以外,一切大小事都要和母亲商量,并多半会按母亲的意见办。这也是二老相得益彰,感情甚笃的主要原因。我们从小到大从来未见父母红过脸,他们深厚的感情,给我们的成长创造了一个非常良好的环境。

父亲一生的爱好主要是看书和写作。他的书房四周是直到房顶的书架,放满了古今中外的文学作品。我们非常想看,但父亲怕打乱他的书,需要找时耽误时间,书房是不让我们随便进去的,更不要说去翻看他的书;母亲深深理解我们,总是在父亲去学校教课时,把书房门打开让我们进去偷偷选一本出来,看完再放回去。为了不让父亲察觉,所以我们养成了看书不折角,不乱画,看后还和新书一样的好习惯。

除了治学,父亲还有很广泛的爱好,戏曲音乐、字画古董、旅游交友都是他生活的重要方面。他一生最喜爱的是昆曲,昆曲确实有非常浓厚的文学价值和动人的曲调,他曾拜俞振飞等大师为师学唱昆曲,还喜欢和朋友、学生一起演唱和研究戏曲。他的收入除薪金如数交给母亲,稿费收入归他自己支配,主要是买了书籍、字画和文物,而且全部藏品在他生前就都赠予南京大学,其中不乏善本和珍品。

我们的家庭是一个十分民主的家庭,父母从不干预子女的志向,这方面我们有充分的自主权。所以他的六个儿子，两位从事工程、机械，两位从事银行金融，一位学医，一位当了飞行员从事航空事业，没有一个是子承父业的。这也决非是父亲对子女不关心，在我们需要时总是父亲伸出关怀的手。"文化大革命"中五儿被流放到青海高原，直到林彪一伙垮台，通了音讯，父亲当即给青海寄钱寄物，在寄去的食品中，还不忘附上一个开罐头的小刀，充分体现了浓厚细腻的父爱。

父亲在新中国成立前，在处事上也有三条规定，就是不做官、不入党（指当时的国民党）、不受人津贴。这当然是来自他对旧社会官场的厌恶。其实以父亲的耿直为人，也完全不会去投身旧时的官场，但他也决不是不过问政治。他经常对我们说的一句话就是"要跟上形势"。他十分痛恨国民党政府的贪污腐败祸国殃民，和朋友、学生谈话中从不隐讳，他忧国忧民之心对我们的政治观念的形成是有很大影响的。现已去世的四儿为了抗日，在成都念大学时参加了国民党空军，航校毕业后在国民党空军运输大队中驾驶飞机。父亲一再告诫他"不可对人民犯罪"。当国民党政府逃到台湾时，四儿回来问父亲是否去台湾，父亲斩钉截铁地对他说"我死也要等着中国共产党来！"这也促使四儿毅然起义回到人民的怀抱。南京解放不久，父亲到北京参加全国第一次文代会，会后去东北等地参观，写信回来说"中国从此有希望了！"兴奋之情溢于言表，也给了我们以极大鼓舞。

亲爱的爸爸！你虽然对我们不苟言笑，但你的为人，你的言行，潜移默化，深深地感染着我们。时至今日我们也年逾古稀，你和母亲的形象仍时时映现在我们的脑海中，鼓舞我们正直为人，直至永远！

2001年8月

潘　群[1]

仰慕陈中凡先生敬重师友
爱护晚辈的忠厚品格

最初,我知道陈中凡先生的大名,远在解放前读高中一年级时。其时,我并非读过陈先生的大作,也未见到过他。只听家父说,二三十年代,南京文人荟萃,除梁启超先生、吴梅先生、柳翼谋先生等前辈在南京教诲过先严外,在南京的众多文人学者中,数胡小石先生、陈中凡先生两位"齐名",而且他俩师承不同,学源各异。建国后五十年代初,我在南京市第二十九中学执教,每遇各种盛典集会,特别是在1952年"思想改造运动"中,南京的知识分子阶层,总是以胡老与陈老两人的团结和好作为南京知识分子大团结的表率和象征。原江苏省委宣传部长俞铭璜同志调到南京大学中文系任系主任时,更是以做好胡、陈两人的工作来象征知识分子的团结,直到俞部长从南大系主任岗位调至华东局宣传部副部长任上时还推广了这一点。我回忆胡小石先生的文章,已应原古籍整理领导小组办公室负责人张世林同志之约写就。但忆念陈

---

[1] 作者原为南京大学中国思想家研究中心副主任。

中凡先生的文章，却一直事忙未写。作为我个人内心来说，真有愧疚之意，理应补齐。这是我之所以决心要写怀念陈老文章的理由之一。

理由之二，我确实和陈中凡老先生有过往来，也亲眼看见并切身体察到陈老为人的高尚品格，决不允许我擅自埋没，而应公之于众，启迪后人。

我认识陈中凡先生，通过两个渠道：一是缪镇藩先生及其公子缪含先生的介绍，二是在南京图书馆古籍部专家阅览室的交往。先说在南图古籍部对陈老的印象。1954年，我调干考入山东大学历史系就读，黄云眉教授为进一步培养我，在读完二年后让我休学到南京图书馆古籍部自修，按眉师的话说："这是编外研究生的课程"。为此，眉师还特地写了封"十行笺"，推荐给时任该馆研究员的缪镇藩先生，请他教诲并予以关照，缪老为我办了"专家阅览室证"的手续。当时，在此经常研读的专家有陈鹤琴、罗尔纲、胡小石、邹树文、陈恭禄、唐圭璋、段熙仲、万国鼎等前辈，其中给我印象最深的是陈中凡先生和当时"稍年轻"的徐复先生。如果说，胡小石先生庄重肃穆犹如其书法的话，那么陈中凡先生对人忠厚诚恳，犹如其貌和蔼可亲。陈老无论对同辈学者抑或晚辈后生，均彬彬有礼，十分谦逊。我向他请教并不害怕，只觉得舒畅；再说通过缪镇藩先生及其公子缪含兄而了解到陈老的情况。

缪镇藩先生，早年在美国留学，与胡适同学，并一道取得美国文学硕士学位。缪先生返国后，就任金陵女子文理学院中文系教授，与陈中凡先生是同事而且是挚友。抗战期间，他在白沙女子师范学院中文系任教授，胜利后又任前中央图书馆代理馆长，与学术界前辈如顾颉刚先生等均有往来交流。吾师黄云眉教授与缪老相识于三十年代眉师就职于金陵大学中国文化研究所研究员时，其后往来甚密，私交甚笃。1946年，眉师曾有一诗《次友人缪君韵》说：

伯伦病酒土为形，岂识人间有眼青！
劫后风光原草草，羁余箧笥更星星。

林荒不与鸥争腐,水远还教犊避腥。

甚欲访君中秘地(时长图书馆),高谈十日送秋零。

缪老在1957年逝世于南京,我曾写信告知眉师,时值顾颉刚先生旅居青岛云眉先生家中,说:"这是中国文化界一个重大损失!"吴贻芳先生为缪老主持追悼会,陈中凡先生以极其沉痛的心情与会悼念了这位挚友。至于缪老与陈老的友谊,缪含兄有专文在南京师范大学《文教资料》中叙及,兹不赘述。缪老生前喜爱昆曲,有一次我在他家中听他唱曲时,称赞陈中凡先生不仅是研究思想文化史的专家,而且还是研究戏曲史的专家。

缪含先生,是缪老公子,建国初毕业于浙江大学教育系,江苏省文史馆研究馆员,曾在中国农业科学院古代农业遗产研究室编校历代古农书,又在南京师范大学协助徐复教授整理古籍并任《文史资料》编辑,著有《中国历代田园诗注》,未刊印即被"红卫兵"在"文革"时焚毁。他个人与陈方恪、万国鼎等前辈交往甚密,也与何乐之先生和我是好朋友。在我和缪兄交往的过程中,有两件有关陈中凡老先生的事,至今使我不能忘却。第一件事,缪兄告我说:陈独秀是陈中凡先生的老师,被国民党监禁释放后,生活无着。中凡先生冒着风险,亲自至监狱门口迎接,曾一度接住在他家,供应一切,以报师恩。第二件事,是我亲眼看见的,那是缪含兄自老父逝世后,因病在家赋闲,有一个阶段没有工作,生活困难。陈中凡先生既是缪老的挚友,目睹这位世侄穷极潦倒,顿生怜惜之心,便以誊抄其手稿为由试图在经济上予以接济,赠以"报酬",但缪兄则认为给长辈效力为分内之事,更不能因为生活无着而接受陈老这一馈赠。当时我恰在缪家,正值高温炎暑,陈老从宁海路寓所步行到赤壁路缪兄家中,时已大汗湿透衣襟,缪兄见此情景,不忍当面拒收这笔慈款。休息片刻,等陈老一离家门又与我启程赴陈府送还这笔款项,以为"万事大吉"。不料,当陈老知道钱款被送回后,又立即再次亲自步行返回缪家,并善意慰以亲情才了结此事。

陈老和胡老的团结,破除了同辈"文人相轻"的恶习,成了"文人相亲"和"文人互勉"的美谈。陈老对老师陈独秀的事迹是敬长尊师品质的体现,而对缪含兄的"接济",更是对故交的忠诚和对晚辈慈爱的自然流露。凡此三事,集中到一点:就是陈老"忠厚"为人的品格的体现。朱熹注《论语》中"忠恕"这一条时说:"尽己之谓忠,推己之谓恕。"陈中凡先生为人无论对己或对人,真正实践了中华民族优秀传统思想中的"忠恕"之道,真是"高山仰止,景行行之",我们应向他老人家认真学习。

如今陈老虽逝,然而其人品和事业是后继有人的。

陈老一生学术有成,事业继承有人。培养了不少学子,真是"桃李满天下"。新中国成立以来,陈老的研究生弟子有吴新雷、王永健、姚柯夫、董健、梁淑安等。由于新雷兄与我共事甚久,所以只谈对吴新雷教授为人的印象。吴新雷教授是江苏江阴人,1933年生,1955年毕业于南京大学中文系,后师从陈中凡先生为中国文学史研究生,于1960年12月毕业,现为南大中文系戏剧影视研究所教授,博士生导师。他曾经是南京大学中国思想家研究中心主任,而我则是副主任。共事期间,他不仅继承了陈中凡先生学术的专长——中国思想史、中国文学史的研究,而且在为人方面犹如陈老一样,和蔼可亲,善于团结同事,为人谦逊,尊重别人,而且也热爱晚辈,乐于助人,归结到一点,犹如陈中凡先生的"忠厚"。我记得南京大学名誉校长、中国思想家研究中心名誉主任匡亚明教授曾经明确指出:为人师表不仅要在学术上有所传承,而且更重要的在为人上要有所表率,昭示后人。匡老说:"教师应特别注意道德品质,如其不然,其如'为人师表'何!故特提此。"陈中凡先生虽然久已作古,但其学术不仅后继有人,而且在人品上也后继有人,这正是陈老最珍贵之处,祈望加以发扬光大!

2001年12月25日写于南京大学

梁淑安[1]

清辉耀千秋
——忆先师陈中凡先生

  1962年秋,我考取了陈中凡先生的研究生,第一次到先生的寓所去,穿过清幽的街巷,来到一所花园式小洋房门前。同去的师兄说,这就是先生的寓所。大门右侧镶嵌着近代著名学者、诗人陈衍署题的刻石"清晖山馆"。当时我只觉得这一署题清雅脱俗,与这个碧树摇曳、庭花繁茂的小院落十分相称,并没有往深里想。后来发现,先生的著作,均以"清晖"为题:《清晖吟稿》、《清晖说诗》、《清晖山馆散文集》、《清晖山馆读画记》等。随着岁月的流逝,不断接受先生教诲,对先生的了解与日俱增。才逐渐明白,"清晖"是先生毕生不懈追求的一种人生境界,也是先生始终坚持的高尚品格。

  "清晖"是什么?是日月晶莹的清亮光辉,是人生磊落的冰雪襟怀。谢灵运诗《石壁精舍还湖中作》云"昏旦变气候,山水含清晖",这首诗表达的是种"虑澹物自轻,意惬理无违"的淡泊物欲,不为名利所羁的愉悦心情。阮籍《咏

---

[1] 作者为中国社会科学院文学研究所研究员。

怀》诗也说:"微风吹罗袂,明月耀清晖",更是飘飘欲仙。陈中凡先生十分向往这种轻灵的境界,但是,他并不想出世成仙,而是脚踏实地清清白白做人。

陈中凡先生恪守的立身处世的原则与他自幼所受的教育是分不开的。

先生幼承家学,少年时期随叔父读书。叔父陈玉澍(字惕庵)(1853—1906年)为近代著名经学家,也是一位爱国诗人。陈中凡先生在自传中回忆:"叔父陈玉澍,盐城名孝廉。曾任本县尚志书院山长、南京两江师范学堂教务长。著有《后乐堂诗文集》。平日自勉:'不受自辱之钱,不做一近耻之事',又以曾参'少讽诵、壮议论、老教诲'相勉。我自十岁至十五岁,从叔父读书,受他的影响至深。"又在为叔父所撰碑文《先叔父惕庵府君行述》中满怀深情地写道:"平居躭学乐道,不慕荣利,当世公卿如淮扬海道桂林谢元福、合肥蒯光典、江西巡抚武昌柯逢时争先礼聘,皆坚辞不就。唯丙申春,应本邑知县镇海刘崇照之请,纂修邑志,成《盐城县志》十卷。己亥,主讲尚志书院。壬寅,主讲县学堂。黾勉教诲,赤心正人。气象岩岩如泰山,而中怀慈祥恻怛,学者罔不敬而惮之。"[①]而陈中凡先生平日也是不苟言笑,端庄严肃,简朴耿直,赤诚待人,平生不慕荣利,不畏权势,均颇有乃叔遗风。十岁到十五岁正是一个人的人生观、价值观的形成期,叔父的言传身教,对于青少年时代的陈中凡的确产生了至关重要的影响。

另一个对先生产生重大影响的人是蔡元培。1917年,先生从北京大学哲学门毕业,留校工作,同时入文科研究所为研究生。当时新任北大校长的蔡元培锐意改革,革除弊习。为提倡学术思想自由,树立新校风,发起组织进德会,主张大学生应以学术研究为天职,反对以上大学为升官发财的阶梯。进德会的会章中有"六不",即:不做官吏、不做议员、不嫖、不赌、不娶妾、不吸鸦片和"三书",即:读书、教书、著书,宗旨与陈中凡先生早年在叔父影响下形成的立身原则完全一致。先生随即加入进德会,后来将"六不"简化为"三

[①] 《中国当代社会科学家》第一辑,书目文献出版社,1985年。

不":不做官、不纳妾、不吸烟,终身信守。1925年1月,时任教育部长的易培基曾电邀先生任江苏省教育厅长,未就。1934年,上半年,先生辞职赋闲在家,时任江苏省主席的陈果夫和时任教育部长的陈立夫,又约谈表示要聘请他为省教育厅厅长,陈老仍坚辞不就,以致得罪了陈氏兄弟。就这样,陈老一生以读书、教书、著书为最大乐事,未就任何官职。

蔡元培是陈中凡先生最为敬仰的师长。在为纪念蔡元培逝世五周年所写的文章《蔡孑民先生和美育》一文中,不仅从理论上高度评价了蔡元培的教育思想,同时还满怀深情地颂扬了蔡先生崇高伟大的人格。文章指出,蔡先生是中国近代提倡"美育"的第一人,他所提倡的以美育为中心的教育宗旨的深刻用意在于,借美感教育"陶冶人们崇高伟大的人格,养成一种纯洁坚定的信仰"。同时指出,蔡元培的理论"绝不是空想空说",他本人带头身体力行去实践:"蔡先生为人,真诚笃实,没有一毫虚伪;谦和节俭,没有一点官气;恬淡朴素,没有一般下流的嗜好。他的生平,确合乎真美善三个字的标准。""平日对人温厚和平,无疾言厉色,一旦遇到事变,则持正不阿,从来不和恶势力妥协。民国八、九年间,在北平受北洋军阀的嫉视,他发表'洪水和猛兽'的演说……民国二十三年,他在南京行政院的宴会上对汪精卫说:'对于日本,我们应该坚决地抵抗,只要我们抵抗,我们的子孙也抵抗,中国一定有出路。'"文章指出,这种大无畏的精神,正是由于蔡先生耿介的情操、圣洁的人格发挥出来的。蔡元培的一生,"就是一篇壮丽的史诗,一件奇伟的艺术作品"。这篇文章,就是陈中凡一生追求的"清晖"境界的最好诠释。他所颂扬的蔡元培的崇高品格,也是他本人一生的写照。

陈中凡先生一生洁身自好,无私助人。无论是对师长、对朋友、对学生,总是在别人最困窘、最无助的时候给予无私的帮助。陈独秀是他在北大文科研究所就读时的文科学长,主办《新青年》杂志,在青年中影响很大,先生对他非常敬重。1932年,陈独秀被国民党逮捕,关在南京监狱;1935年1月,先生从广州返南京,不惧怕国民党当局淫威,前去探监。据先生回忆,1937年8

月,陈独秀获释后,"先住同学傅孟真家,附近被炸,主人被难他往,遂移居敝宅"①。在危难时刻,先生把陈独秀接到寓所清晖山馆居住,热情款待。刘师培晚年贫病交迫,因北洋政府欠薪不发,一度连医药费、生活费都成问题,陈老虽对其晚节有亏有看法,但仍对他多方周济。刘师培病逝,又出资为其料理后事,照料其家人。为此,刘师培的叔父刘富曾特地致函表示感谢:"舍侄申叔疾终京寓,渥承照料一切。其后舍侄妇神经爆发,重荷鼎力维持,俾死者得正首邱,生者得归故里。缅怀高义,腑肺铭之。"先生对于朋友的情谊,对学生晚辈的爱护与帮助,均可在《清晖山馆友声集》中找到大量例证。女作家苏雪林也是先生的门下弟子,她曾在给陈老的信中深情地说:"吾师于林等爱护之情,有逾慈父",对于这一点,陈老的每一个门生弟子都有深切体会。在陈老一生执教过程中,帮助过许多家境贫寒的学生完成学业,早年的,如唐圭璋;到五六十年代,在我们入学之前,有一位师姐,家境比较困难,陈老每个月都从自己的工资里拿出钱来资助她。在学生毕业以后,陈老的殷殷关怀也一直伴随左右。我从学校毕业后,一直在北京工作,收到过陈老给我的十几封信,至今仔细地珍藏着。1974年春,我患肾病,陈老得知后,立即写信来说:"想医药调治需用款项,务望来信见告,当即从邮寄奉,万勿客气用事也。"钱我虽婉辞了,但这份厚重的情谊,我却郑重地收下了,终生难忘!

陈老给予学生的不仅是慈父般的关爱,还有不畏强权和传统观念的压力,在道义上的支持。"五四"运动时期,陈先生在北京女子师范学校(后升格为高等师范,即女高师)执教,他利用讲坛,积极鼓励和支持学生参加爱国运动,并因此而被校方解聘。但不久,校长被撤换,陈先生因深受学生爱戴,又被新校长请了回去,任国文部主任。在主持国文部期间,遵循蔡元培兼容并包、以新派为主的教育原则,请了李大钊、胡适、刘师培、黄侃等任教,受到学生的欢迎。女高师有一名女学生,名叫李惟璧,勤奋好学,富有才华;在"五

---

① 《陈独秀先生印象记》,载《大学月刊》第一卷第九期,1942年。

四"新思潮影响下，反抗家庭的包办婚姻，最终被迫害致死。在她死后，师友们才从她遗留下的信函中了解真相。先生闻此事异常悲愤，为之写了《李生权厝铭》，"怆然伤其遇之穷，而高其志行之卓绝"，为之立传，控诉吃人的封建制度扼杀有为青年的罪行。1928年以后，陈先生任暨南大学文学院长时，又不计个人得失，不畏国民党当局的压力，约请许德珩、李达、邓初民等任系主任或教授，讲授社会学，自己也初步接受了马列主义学说，但因此引起反动派系势力的仇视，被迫愤而辞职。

1937年9月，先生在《五十生日自述》一诗中自称："心比蝉清惟饮露，梦惭鸥鸟每惊波"；1965年，先生又在《寄怀郭影秋》一诗中，以"诗思清冷吴苑月，襟期淡荡玉壶冰"来赞誉当时已离任的南京大学校长郭影秋的高尚品格；联想到先生最为崇敬的叔父陈玉澍、老校长蔡元培的立身行事，不难理解，无私、无欲、无畏，始终是先生理想中最崇高的境界，是溢满在先生心灵中的圣洁的光辉——"清晖"。这就是先生把"清晖"二字铭刻在寓所门前，署题于自己的著作的缘由。

陈中凡先生离开我们快二十年了。但是，"清晖"，一个圣洁的灵魂闪耀出的光辉，永远不会因为时光的流逝而黯淡。它将伴随先生的文章与品格，永世流传。

2002年1月写于北京

朱　煊

忆陈中凡教授

　　1956年丹桂飘香的季节里,我如愿以偿地考进南京大学中文系。这里对我诱惑力最大的自然是几位著名的老教授。有次漫步到南阴阳营,高班同学指着一幢花园小洋楼说:这就是元曲专家、一级教授陈中凡的家。我热爱戏剧,立志终身为戏剧事业而奋斗,到了专家门前,却无缘请教,有怅然若失之感。在我心目中一级教授是头上有光环的学者、可望而不可即的伟人。

　　不久传来喜讯,陈老为我们班开讲元曲,我自然心花怒放。第一次上课,我早早来到教室。铃声一响,走进一位精神矍铄的老人。他衣着整齐,戴一副深度金边眼镜,满头白发,留着板刷式的小胡子,显得庄重大方。苏北口音,笑起来露出洁白的假牙……这就是我所敬仰的陈中凡教授。陈老既有学者风度又是慈祥老人,让我感到亲切,对一级教授的神秘感立即烟消云散。

　　年过古稀的陈老讲课很有激情,喜怒形于色。他讲《窦娥冤》,说到女主人公含冤而死时,义愤填膺;说到作者关汉卿是颗响当当的"铜豌豆"时,眉飞色舞,欢快地摇动肩头。后来我发现这是陈老开心时的习惯动作。课余时间,我能惟妙惟肖地模仿出来,逗得同学们哈哈大笑。我又有几分惆怅,因为我看了大量元曲资料,有自己不成熟的见解,不敢冒昧向陈老请教。天道酬勤,不久机遇来了,同学们开玩笑地说我是三喜临门。

一喜是陈老欣赏我的习作。陈老布置作业,每人写一篇元曲评论文章。我将自己的观点全部写了出来,洋洋洒洒长达数万字。事后全班103位同学的作业都发还了,只有我的长文不见踪影。我忐忑不安地去问助教,她说:"先生欣赏你的文章,留下了。"我感到意外,然后是惊喜。同学们向我祝贺,开玩笑地说:108将你坐上第一把交椅。后来我的作业被单独退还给我,是陈老亲笔批改的。凡是他认为精辟的论点,他都划上红杠;偏激的论调,他都打了问号。连借字、别字、漏字都一一订正。一位学识渊博的学者为入学不久的学生亲自批改作业,我真感激不尽!

二喜是陈老教会我做学问的方法。我曾意外地收到陈老一封来信,使我激动不已。信的内容很简单:用商量的口气问我是否愿意帮他代查两个资料,并简单地开列了书名。我为此天天跑南京图书馆,费了九牛二虎之力才完成任务。同学们认为这两份资料是叩开教授家门的敲门砖,我则考虑到教授的时间宝贵,打扰先生等于变相索取,便将资料投入陈老的信箱,没敢进他家门。陈老赞赏我不图报,觉得孺子可教,约我去面谈。见面后陈老首先讲述为他所查阅资料的用途、如何旁征博引做学问,使我受益匪浅。然后又问我对批改作业的意见……从此,我成了陈老家的座上客,经常聆听他的教诲。先生鼓励我提出不同观点:"学术问题,应该有自己的独创见解。可以师承我的观点,也可以发展或改变我的观点。"我深深感受到陈老治学态度的严谨和虚怀若谷的美德。

三喜是陈老带我走向社会,把我引入艺术圈。先生曾谆谆告诫我:其他文艺是平面的,戏剧是立体的;单是剧本好不行,还要排出来看效果。时逢审查昆剧现代戏《活捉罗根元》,陈老带我去观摩,又带我出席座谈会。我第一次看到那么多省级领导和文艺界老前辈。我选了一个旮旯坐定,倾听各种意见。与会者一致邀请陈老打头炮。陈老热情洋溢地称赞这出现代戏,认为昆曲是最程式化的古老剧种,举手投足都有一定规范,远离现实生活,如今古树发新芽,把现代人也演得生龙活虎,可喜可贺……座谈会接近尾声时,昆剧老前辈徐子权老师说:现在请南大学生会话剧团朱连根(作者原名)同学发言。在领导和专家面前,我不敢班门弄斧。但先生说:这是锻炼你的好机会,大胆说罢。我这个初生牛犊在发言中对人物的贯串动作线和反贯串动作线、舞台调度、节奏变化、音乐处理、锣鼓经等方面提出商榷意见,引起与会者的关注。

回去的路上,先生说:"我都不知道你在话剧团,徐先生怎么这么清楚?你何时认识那么多专家的?"我说:"先生曾讲过戏剧是立体的,要排出来看效果。受先生启发,我在南大话剧团参加了《雷雨》、《玛申卡》的排演,请来的都是名导演。排郭老历史剧《棠棣之花》时,我演聂政,徐老是艺术指导,在我身上下了一番功夫。我用业余时间旁听导演课程,又在实践中获得了课本上没有的新知识。因此非常感谢先生的指引。"先生晃着肩膀高兴地说:如此刻苦钻研,孺子可教!在先生的引荐之下,我成为文艺界的活跃分子,后来走出课堂,与专业编导合作写了处女作《汉府新村》,奠定了我毕业后从事创作的基础。陈老成了我终生难忘的恩师。

1960年毕业后我分到南京市文化局工作,管剧团的剧目创作和剧评工作,经常请先生夫妇俩看戏。陈老是每请必到,每剧必评,继续指导我如何创作。南京市越剧团竺水招的《碧玉簪》是千锤百炼的代表作之一,但我和陈先生都认为《碧玉簪》有一个大问题:最后一场戏"送凤冠"以大团圆为结局,掩盖了反封建的主题。《碧玉簪》拍成电影后,也曾引起争论。我提出修改意见,全团震惊。除竺团长外,多数演员持反对意见,一致认为状元公不跪、李秀英不接凤冠,群众通不过。阻力实在太大,我求助于先生。陈老在《江苏戏曲》上著文,阐明这出戏调和矛盾,削弱了反封建主题,建议李秀英不接凤冠,呕血而亡。竺水招看了文章后,请我陪同,立即拜访陈先生,虚心听取陈老意见。她得知我和先生进行过深入的探讨,有大改、中改、小改三个方案后很兴奋。先生主张先进行小改,等观众接受以后再动大手术。

在准备修改过程中,先生看了我写的唱词,很不满意。他在辅导过程中说:写戏不论是现代戏还是古装戏都要深入生活,感受时代的脉搏。这样写古装戏才能站在时代的高度,古为今用。又建议我重温古诗词,慢慢体会,融化到唱词中。先生特别推荐我看曹丕的诗,认为曹丕名句"文章乃经国之大业,不朽之盛事"对我们文艺工作者有鼓舞力量。肩上感到压力,作品才会精益求精。又建议我到民间谚语中去吸取营养。他谆谆告诫我千万不要到戏曲剧本中寻章摘句,那些词用俗了就变成陈词滥调。

经过充分准备,我在竺水招那里顺利通过了"小改"方案,竺水招对我即兴写的唱词很欣赏。第二天,我去先生那里汇报:我将最后一场戏的地点改在闺房,窗外背景是深秋,房里是全堂红木家具,使舞台显得凝重。病榻后面放置一幅二十四孝屏风。"送凤冠"前半部戏照演,状元照跪,只是李秀英的唱词改为:

满天星斗北风寒,
草木摇落露为霜。
久卧病榻细思量,
苍天难解我疑团。
为什么女儿家"错"字要当"磨"字念?
为什么奄奄一息还要逼我接凤冠?

我从竺水招那里学了这段新词的唱腔。为了加强感染力,我用二胡自拉自唱,一口气唱了四十余句。最后发出古代少妇愤怒的呐喊——

魂随凄风飘泊去,
冤魄海天正茫茫。

但等明年寒食节，

女儿孤魂返故乡。

唱完后，先生望着兰花发愣，他还沉浸在人物的命运中。很久，才点点头说："很好。你把曹丕的诗化到唱词中去了，个别唱词改一两个字就行。"没想到陈师母抹着泪水说："不好。李秀英到王家一天没伸直肠子，最后状元总算下了跪，出了我一口冤气。大团圆有什么不好？苦尽甜来嘛！这一改，李秀英一天福没享着，人到荣华，一命归阴，太惨了！我心里不畅快。"

吃饭时，陈师母一边给我夹菜一边劝道："竺水招演的《南冠草》、《红楼梦》、《龙凤锁》、《莫愁女》、《天雨花》都是苦戏，难得《碧玉簪》先苦后甜。千万别改得我们这些老戏迷心里不畅快。"陈先生笑道："你师母看评书掉泪，替古人担忧。从现实出发，她的话听不得。"说得我们三人相对大笑。我很兴奋，老太太心里不畅快就达到了反封建的目的。可惜市文化局领导指示："陈老太太的思想在观众中有一定代表性。对成熟的传统剧目，特别是观众认可的竺水招拿手好戏，修改时要慎重。"我和先生与竺水招相约，待条件成熟时非改不可。现在忆及此事，我怅然若失，因为先生和竺水招都已仙逝，共同修改这出戏再也无法实现了。

二十世纪六十年代中期，我创作的《拨浪歌》(又名《万里长江》)入选"华东第二次话剧会演"的候选节目。创作过程中我在南京、南通、苏州等地收集到不少关于侵华日军大肆屠杀中国人的素材，令我心灵震颤。事后和陈老谈及此事，师生俩义愤填膺。陈老当即拿出他当年在成都的诗作《金陵叟》，供我参考。我抄下此诗，作为重要素材存放在市文化局艺术科。"文革"中因为陈老是教授，属于批判之列，红卫兵"破四旧"时将此诗连同其他资料统统烧毁。

二十世纪初，我写了《日军南京大屠杀的血腥罪行铁证如山》，刊登在《档案与建设》2000年第8期，公布了半个世纪前我在南京上新河、棉花堤的采访纪录,引起重视,其他报刊予以转载。投稿前,我想到陈老那首揭露侵华日军暴行的长诗,很想一并发表,但遗憾的是陈老早已作古,此诗无从查到。2003年底,我在《扬子晚报》上意外地看到这首长诗,激动不已,立即剪下珍藏。我撰写了一篇纪念陈老的文章,准备连诗一并发表。时逢南京大拆迁,我家未能幸免,拆迁高潮一过,剪报不知夹在何处。徐立刚编辑替我从网上查到此诗。这首长诗是珍贵的史料,它从一个侧面反映了侵华日军的暴行铁证如山。

(原载《档案与建设》2005年第3期)

徐慧征

那串钥匙
——记陈中凡

三年困难时期,陈中凡先生感到肚里实在没油水。一天,老两口坐着三轮车直奔"六华春"。大师傅专门为他炖了一只"无骨鸡",两位老人有滋有味地美餐一顿,花去人民币整整三十元。老先生意犹未尽,又领着师母到又新浴室舒舒服服泡了一个澡,但见天色不早,这才雇了三轮车打道回府。一到家,付了钱,下了车,忽然发觉一个装钥匙的小布袋不见了。丢在浴室里了,还是忘在三轮车上了?这串钥匙可是性命交关,大门、二门、书房门、橱门、抽屉门,大大小小的锁都靠着它去打开呢!

吉人自有天相,二老福星高照,正愁着进不了家门,暮色中一辆三轮车急驰而来,好心的车夫双手递上小布袋,完璧归赵陈先生喜出望外,连连作揖。逢人便说:"劳动人民觉悟真高呀!"据说,从此这串钥匙不再离身,一直挂在了他的脖子上。

1980年左右,我在省委《群众》杂志社搞文史编辑工作。为了弄清陈独秀在南京老虎桥监狱被国民政府囚禁一事,我去采访陈先生。"文革"前我去他府上时，先生曾出示过陈独秀给他的手札，并提到自己不顾个人安危，经常托人给狱中的陈独秀送钱送物，书信来往研讨音韵文字。我想其中一定有许多鲜为人知的故事，还想摘录信件中的有关内容。我自忖，自己是他学生中的小字辈，当年在系里他要办什么事，时常捎个便条给我，称呼我"慧征小友"，逢年过节又去看他，也许老人家还记得我，不会拒绝我的请求。万万没有想到，当我自报家门以后，他一脸茫然，不认识我了。一提起陈独秀的名字，他眼睛发亮，拿起胸前的钥匙，打开抽屉，翻找起来。这时，他儿子走了进来，俯身轻声地对我说："那些信件，'文革'中早已藏了起来，找也困难。父亲老了，不太清楚了，真对不起。"我明白今天的采访落空，应该走了。我起身和老人握手告别时，他定定地望着我："你是哪个呀？"浓重的盐城口音，多么熟悉。我凑近他耳边说："我是您的学生，听过您的戏曲课，您还领我们到剧场去看福建的莆仙戏《团圆之后》呢。"我想唤回老人对往事的回忆，他只是频频点头。他儿子送我出门时，又对我说："父亲有点痴呆了，我母亲走的时候，全家瞒着他，直到今天他都没有查问过母亲的下落。"我心里涌上一阵酸楚。

陈中凡先生（1888—1982）享年九十四岁，是中文系活得最长的国学大师。他治学范围广泛，在哲学、文学、历史乃至教育学、艺术史等方面均有建树。著有《两宋思想述评》、《中国文学批评史》、《陈中凡论文集》，诗文创作《清晖集》等。自1921年先后任教于东南大学、金陵大学、南京大学。先生是1917年毕业于北京大学的，那时中国共产党还没有诞生，他与陈独秀的交往就开始了，他俩的友谊日久弥笃，不因世事纷乱而终止。他心中深藏着多少珍贵的故事呀，我悔恨自己来得太迟了。

2006年2月追记

［原载《老教授三记》，出自《十年归拢集（下）》徐慧征著，九歌书坊2010年出版］